Herausgegeben von **mixtipp** Antje Watermann

Lieblings PLÄTZCHEN

WEIHNACHTLICHE BACKREZEPTE FÜR DEN **THERMOMIX**®

TM 5 & TM 31

LEMPERTZ

IMPRESSUM

Math. Lempertz GmbH
Hauptstraße 354
53639 Königswinter
Tel.: 02223 / 90 00 36
Fax: 02223 / 90 00 38
info@edition-lempertz.de
www.edition-lempertz.de

Dieses Kochbuch wurde nach bestem Wissen und Gewissen verfasst.
Weder der Verlag noch der Autor tragen die Verantwortung für ungewollte Reaktionen oder Beeinträchtigungen, die aus der Verarbeitung der Zutaten entstehen. Die Rezepte wurden mit Liebe getestet, aber nicht an Tieren.

Der Markenname „Thermomix" ist rechtlich geschützt und wird nur als Bestandteil der Rezepte verwendet. Für Schäden, die bei der Zubereitung der Gerichte an Personen oder Küchengeräten entstehen, wird keine Haftung übernommen. Bitte beachte die Anwendungshinweise der Gebrauchsanweisung deines Thermomixgerätes.

 www.facebook.com/MIXtippRezepte

Titelbild: Fotolia

Lektorat: Alina Groß, Annemarie Thon, Anna Lehmacher, Carmen Martin

Layout/Satz: Ralph Handmann

Gesamtherstellung: Print Consult GmbH, München

Printed and bound in Slovenia

ISBN: 978-3-945152-26-3

Fotos: © fotolia: Kitty, alexandrum01, nikolaydonetsk, Köpenicker, Ramona Heim, ManEtli, jörn buchheim, Lars Zahner, Rawpixel.com, Dan Kosmayer, bluehorse_pl, MITO images, unpict, Karin Isopp, juefraphoto, trendyrowdy, martiapunts, lichtbildmaster, nadyachertkova, viperagp, rainbow33, Barbara Pheby, yuliiaholovchenko, Rüdiger Jahnke, HLPhoto, Esther Hildebrandt, arborpulchra, Brigitte Meckle, A_Lein, kristall, Stefan Gräf, alho007, ji_images, Westend61, Jan Engel, Melima, Markus Mainka, Bomix, dream 79, veneratio

INHALT

KLASSIKER AUS OMAS BACKSTUBE

NUSSIG FRUCHTIGE VERSUCHUNGEN

KNUSPER, KNUSPER, KNÄUSCHEN

WEIHNACHTSLECKEREIEN AUS ALLER WELT

MODERNE BACKKREATIONEN

Elchtest beim
Team MIXtipp

MIXT DU SCHON?

Liebe Thermomixfreunde,

und wieder ist es soweit – die Weihnachtszeit naht. Zimt, Tanne und mit Nelken gespickte Apfelsinen – betörende Düfte umhüllen uns. In der Adventszeit kommen wir endlich einmal zur Ruhe. Da begibt sich sogar der größte Küchenmuffel in die Backstube und schwingt die Sternausstecher und Backpinsel. Denn die Adventszeit macht mit uns etwas, das sich schwerlich erklären lässt. Backen ist hier vielmehr als der Druck, am heiligen Abend Plätzchen auf dem bunten Teller zu präsentieren. Es ist Tradition, ein Stück Kindheit, vielleicht Erinnerung an Omas Plätzchen und auch ein unvergessliches Erlebnis. Denn die Adventsbäckerei macht Spaß, ist gesellig und lädt ein, sich kreativ auszutoben.

Schon früh in diesem Jahr hat das Team MIXtipp die Ärmel hochgekrempelt, die Kochschürze angelegt und das Beste an Plätzchen und Gebäck getestet, was internationale Klassiker, Großmutters Backstube und moderne Backkreationen zu bieten haben. Dein bunter Teller wird mit Vanillekipferln, Mohnmakronen, Aachener Printen, den Südtiroler Gewürzplätzchen und Baileyskugeln den Raum mit einem verführerischen Wohlgeruch erfüllen. Und soll es einmal etwas für einen gemütlichen Adventskaffee mit Freunden sein, dann verzaubere deine Gäste mit Glühwein- oder Bratapfel-Cupcakes. Diese und noch weitere, weihnachtliche Gebäckrezepte haben wir in diesem Büchlein zusammengestellt.

Wie immer gilt: Die Teige kannst du spielend leicht im TM 5 und TM 31 zusammenkneten. In der Zwischenzeit kannst du dich schon mal um den Guss und die Dekoration kümmern. Denn was wären Weihnachtsplätzchen ohne die richtige Deko, die Lust auf mehr macht? Also, auf ans Werk! Wir wünschen dir und deinen Lieben viel Freude beim Plätzchen ausstechen, Verzieren und vor allem Genießen. So kann ein besinnliches Weihnachten kommen!

Antje Watermann

Herausgeberin, Edition Lempertz

Weihnachtszeit ist Backzeit!

Die Tage werden kürzer, der Wind weht die letzten Blätter von den kahlen Bäumen. Hier und da fällt eine Schneeflocke auf den eisigen Boden. Die Menschen sind bis zur Nasenspitze in Wollschals und Daunenjacken eingehüllt und eilen durch die Kälte. In den Häusern wird es heimelig, die weihnachtliche Dekoration wird aus den Kisten hervorgekramt und das Haus mit Lichtern geschmückt. Eines darf in dieser besinnlichen Zeit nicht fehlen – die Weihnachtsbäckerei!
Plätzchen, Kekse, Lebkuchen, Christstollen und andere süße Leckereien verströmen ihren Duft im ganzen Haus und verbreiten das Gefühl von Weihnachten. Traditionell werden die Süßspeisen mit der ganzen Familie gebacken. Damit auch bei dir daheim Weihnachtsstimmung aufkommt, hat das Team MIXtipp in diesem Buch die leckersten Gebäckvariationen zusammengefasst.
Damit beim Backen auch ja nichts schiefgeht, findest du auf den nächsten Seiten nützliche Tipps und Tricks rund um das Thema Plätzchen und Weihnachtsbäckerei.

Nützliches rund um's Thema:

In diesem Buch haben wir 3 verschiedene Teigarten als Basis unserer Plätzchen verwendet:

Mürbe-/Knetteig:
Eines haben viele Plätzchenklassiker gemeinsam: egal ob Spritzgebäck, Heidesand, Vanillekipferl oder Spekulatius – sie alle müssen mürbe, das heißt knusprig, sein. Wir lieben sie aufgrund der Beschaffenheit des Teiges, den sie durch den hohen Fettanteil erhalten, welcher die Plätzchen auf der Zunge zergehen lässt.
Den klassischen Mürbeteig kann man in der „1,2,3"-Formel beschreiben: einen Teil Zucker, zwei Teile Butter und drei Teile Mehl. Ferner können dem Teig Ei oder Eigelb und eine Prise Salz zugegeben werden. Ganz besonders in der Adventszeit werden den Knetteigen viele Gewürze zugegeben, die den Plätzchen einen Hauch von Weihnachten verleihen.
Nach der Verarbeitung benötigt der Teig eine Ruhepause, die mindestens eine Stunde dauern sollte. Hierfür formt man den Teig entweder zu einer Kugel oder zu Rollen und wickelt diese dann in Frischhaltefolie. Diese gibt man in den Kühlschrank, wo sich der Zucker auflösen und der Teig entspannen kann.
Mürbeteig eignet sich hervorragend für eine längere Aufbewahrung: Ein frischer Mürbeteig kann bis zu einer Woche im Kühlschrank oder drei Monate im Tiefkühlschrank gelagert werden.

Makronenmasse:
Schnell gemacht und äußerst beliebt sind Plätzchen aus Makronenmasse. Hast du einmal Eiweiß vom Mürbeteig übrig, kannst du daraus deine Lieblingsmakronen machen. Denn für diese brauchst du lediglich Eiweiß, Zucker und Gewürze. Je nachdem, welche Makronenmasse du herstellen möchtest, ergänzt du sie mit Haselnüssen, Mandeln oder beispielsweise Mohn. Man gibt die fertige Masse entweder mit zwei Teelöffeln auf Oblaten oder direkt auf ein mit Backpapier ausgelegtes Backblech. Aufwendiger ist die Variante, Makronen mit einem Spritzbeutel auf das Blech zu spritzen. Grundsätzlich werden die Baiserversuchungen bei Ober-/Unterhitze gebacken bzw. getrocknet, da sie bei Umluft zusammenfallen können.

Rührteig:
Auch in der Weihnachtsbäckerei werden Rührteige zubereitet, z.B. bei kleinen Leckereien für den Adventskaffee. Grundsätzlich besteht der Rührteig aus Butter, Zucker, Ei und Mehl. Als Backtriebmittel wird meist Backpulver verwendet, welches in der Adventszeit aber auch oft durch Hirschhornsalz oder Pottasche ausgewechselt wird. Natürlich darf in einem adventlich anmutenden Rührteig die weihnachtliche Aromenvielfalt nicht fehlen. Wichtig ist vor allem, dass alle Zutaten Zimmertemperatur haben, damit sie sich gut verbinden und die Masse nicht gerinnt. Wie der Name schon andeutet, ist beim Rührteig das Rühren das A und O: Je mehr man rührt, desto fluffiger und lockerer wird der Teig.

Die Backzeit der einzelnen Plätzchen und Gebäcksorten kann stark variieren. Sie ist abhängig von Größe und Dicke des Gebäcks, der Heizleistung deines Backofens, der Anzahl der Backbleche im Ofen und wie oft du den Backofen während des Backens öffnest.
Die von uns im Buch bevorzugte Backeinstellung ist Ober-/Unterhitze auf mittlerer Schiene, zusätzlich solltest du immer nur ein Backblech zur Zeit backen. Bitte beachte, dass Backbleche unterschiedlich groß sind. Deshalb kann die von uns angegebene Mengenangabe variieren. Unsere Angaben sind als Richtwerte zu verstehen. Wenn du die Backleistung deines Ofens nicht richtig einschätzen kannst, schau also lieber ab und zu durch die Scheibe und überprüfe den Backstand. Die Plätzchen sind fertig, sobald sie am Rand und unten eine leichte, blasse Bräune haben.

Aufbewahrungtipps und -tricks:
Unabhängig von der Sorte der Kekse ist zu beachten, dass jedes Gebäck vor der Einlagerung erst einmal gut auskühlen muss. Nimm das Gebäck dafür von dem Backblech und lass es auf einem Kuchengitter oder einer anderen Unterlage am besten über Nacht auskühlen.
Verstaue jede Kekssorte idealerweise in einer eigenen Dose, so vermischen sich die unterschiedlichen Aromen nicht. Hast du allerdings nur eine Keksdose zur Verfügung, kannst du sie mithilfe von Pergamentpapier in mehrere Fächer teilen. Das Pergamentpapier verhindert außerdem, dass sich Aromen überlagern. Plätzchen sind auf diese Weise 2 bis 3 Wochen genießbar. Anders sieht es bei Lebkuchen aus. Diese Leckerei solltest du, auch wenn es schwerfällt, 2 Wochen ziehen lassen. Lagere die Lebkuchen in der Zwischenzeit in einer Keksdose. Mit einem Stück Backpapier, von den Keksen abgetrennt, legst du eine Apfelspalte mit in die Keksdose. So bleiben die Lebkuchen lange haltbar. Achte nur darauf, dass der Apfel immer frisch ist und nicht schimmelt.
Zitronen, Orangen und Co. werden oft nicht zur Gänze gebraucht, oftmals wird nur die Schale benötigt. Damit der leckere Saft der Zitrusfrüchte nicht verloren geht, wenn die Früchte über mehrere Tage ohne Schale herumliegen, kannst du sie auspressen und den Saft in Eiswürfelformen gießen. Anschließend einfach einfrieren und je nach Bedarf entnehmen oder im Sommer in ein Glas Mineralwasser geben.

Wenn die Weihnachtszeit sich dem Ende neigt und du und deine Liebsten wider Erwarten genug von Plätzchen und Co., aber noch einen beträchtlichen Vorrat habt, könnt ihr daraus wunderbare Leckereien zaubern. Ein Schichtdessert mit Quarkcreme und Roter Grütze, Kekskrümelboden für Torten oder Rumkugeln lassen sich gut, meist mit Zeitersparnis, aus den Plätzchen herstellen. Hier ein Rezept für Rumkugeln:

Rumkugeln

Schwierigkeit: leicht
Zubereitungszeit: 10 Minuten
Ruhezeit: 1 Stunde
Zutaten für 5 Kugeln

200 g	Keksreste
70 g	Zartbitterschokolade, in Stücken
40 g	Sahne
1 Schuss	Rum
	Schokostreusel oder andere Dekoration deiner Wahl

1. Zerkleinere die Kekse grob mit einem Messer. Gib die Schokolade in den Mixtopf und erhitze sie 5 Minuten/ 50°C/ Stufe 1. Rühre 2 Minuten/ Stufe 3 Sahne ein.

2. Gieße die Schokoladensahne anschließend über die Keksreste und lass die Masse mindestens 1 Stunde im Kühlschrank ziehen.

3. Rühre den Rum unter und forme, wenn schon möglich, Kugeln aus der Masse. Wenn das noch nicht geht, muss die Masse länger ziehen.

4. Wälze die Kugeln in der Dekoration deiner Wahl.

Dekoration:

Das Tolle an Selbstgebackenem ist doch, dass man es nach Lust und Laune verzieren kann. Man kann mit den einfachsten Mitteln individuelle Plätzchenkreationen zaubern. Für die Dekoration eignen sich folgende Zutaten: Nüsse aller Art, Mandeln, Pistazien, Schokostreusel und -herzen, Kuvertüre, Marzipan, Marmelade, gefärbter Puderzucker, Zuckerperlen, Puderzucker, Safranfäden, essbare Blüten, Krokant, Orangeat, Zitronat, Smarties, Mokkabohnen, Hagelzucker und vieles mehr.

Damit du dir während des Verzierens die Mühe nicht umsonst machst, solltest du Nüsse und andere „schwere" Dekorationen auf die noch warme und flüssige Marmelade, Schokolade oder Glasur legen und leicht andrücken, sonst fallen sie später beim Verpacken ab.

Tolle Effekte erhältst du auch, wenn du verschiedene flüssige Komponenten verwendest. Bepinsel die Plätzchen z.B. zuerst mit Zuckerglasur. Mit einer Spritztülle verteilst du anschließend flüssige Schokolade in Streifen darauf und gehst mit einem Holzstäbchen durch die Schokoladenlinien. Oder du setzt mit der Spritztülle kleine Schokoladenflecken in die helle Glasur. So entstehen schöne Marmorierungen.

Eine Besonderheit ist die Royal Glasur, auch Royal Icing genannt. Mit ihr lassen sich tolle Formen wie Sterne oder Ornamente basteln. Die Glasur ist ganz einfach herzustellen und super einfach zu verarbeiten.

Kekse eignen sich auch super als Christbaumschmuck oder als Geschenk-„Kärtchen". Vor dem Backen stichst du ein kleines Loch in die Mitte der Plätzchen und steckst eine Nudel hinein. Backe die Kekse mit der Nudel, hol sie danach aus dem Ofen und entferne die Nudeln noch vor dem Abkühlen. Nach dem Abkühlen kannst du die Kekse mit Glasur oder Zuckerschrift beschriften, ziehst ein schönes Band durch die Löcher und fertig ist der essbare Weihnachtsschmuck.

Royal Glasur oder Royal Icing

Schwierigkeit: leicht
Zubereitungszeit: 10 Minuten
Zutaten für 3 Tassen

400-600 g	Zucker
2	Eiweiß
1 TL	Zitronensaft
1 TL	Fruchtsaft oder etwas Lebensmittelfarbe, nach Belieben

1. Aus dem Zucker stellst du 20 Sekunden/ Stufe 10 Puderzucker her. Fülle ihn in eine Schüssel um.

2. Schlage jetzt das Eiweiß mithilfe des Schmetterlings 4 Minuten/ Stufe 4 steif und gib den Zitronensaft und nach Belieben einen anderen Fruchtsaft oder die Lebensmittelfarbe dazu.

3. Schlage die Masse weitere 5 Minuten/ Stufe 4, wobei du nach und nach den Puderzucker durch die Deckelöffnung einrieseln lässt.

4. Wenn dir die Glasur zu steif ist, gib etwas mehr Flüssigkeit hinzu. Sollte sie zu flüssig sein, verwende noch mehr Zucker.

5. Royal Glasur in eine Spritztülle füllen und kreativ werden.

Mixtipp: Royal Glasur ist eine besonders feste und formbare Zuckerglasur zum Modellieren und Herstellen von Ornamenten.

Gefärbter Puderzucker

Schwierigkeit: leicht
Zubereitungszeit: 5 Minuten
Zutaten für 100 g Puderzucker

1 TL Trockenfrüchte, z.B. Mango für gelb-orange, Erdbeeren für rot, Heidelbeeren für blau-lila
100 g Zucker

1. Gib die Trockenfrüchte in den Mixtopf und zerkleinere sie 20 Sekunden/ Stufe 10.

2. Fülle den Zucker dazu und pulverisiere ihn 15 Sekunden/ Stufe 10 zu gefärbtem Puderzucker.

Mixtipp: Du kannst Früchte auch selbst trocknen. Schneide die Frucht deiner Wahl dafür in dünne Stücke, beträufle sie mit Zitronensaft gegen Verfärbungen und verteile diese auf einem Backblech mit Backpapier. Trockne die Fruchtstücke 4 bis 5 Stunden bei 60-70°C Ober-/Unterhitze. Der Ofen muss dabei etwas geöffnet sein, damit die Feuchtigkeit entweichen kann. Fertige Trockenfrüchte haben eine lederartige, elastische Konsistenz.

Zuckerglasur

Schwierigkeit: leicht
Zubereitungszeit: 5 Minuten
Zutaten für 1 Tasse

150 g	Puderzucker
3 EL	warmes Wasser oder warmer Fruchtsaft
	(falls du eine farbige Glasur verwenden möchtest)

1. Stelle aus dem Zucker 20 Sekunden/ Stufe 10 Puderzucker her.

2. Vermische den Puderzucker und die lauwarme Flüssigkeit in einer Schale oder Tasse zu einer cremigen Masse und verwende sie schnellstmöglich.

Das richtige Schmelzen von Schokolade und Kuvertüre

Eine schön glänzende, schlieren- und kraterfreie Glasur bekommst du, wenn du dich an die Angaben für das richtige Schmelzen von 200 g Schokolade und Kuvertüre hältst.

1. Die Schokolade in Stücken in den Mixtopf geben und 5 Sekunden/ Stufe 5 zerkleinern.

2. Anschließend 5 Minuten/ 45°C/ Stufe 1 erhitzen. (Zartbitterschokolade bitte auf 50°C erhitzen.)

Wenn dir die Schokoladenglasur zu dickflüssig ist, kannst du einige Tropfen Rapsöl oder Sonnenblumenöl hinzufügen und die noch warme Schokolade anschließend nach den Angaben oben temperieren.
Geschmolzene Schokolade musst du direkt verwenden, da sie schnell hart wird. Ein erneutes Schmelzen mindert die Qualität der Glasur.

Lebensmittel- und Gewürzglossar

Anis stammt ursprünglich aus dem südöstlichen Mittelmeerraum sowie Asien. Seine süßlich-herb schmeckenden Samen werden in der Weihnachtsbäckerei sowie in Getränken (z.B. Ouzo) verwendet. Aufgrund seiner vielfältigen positiven Wirkstoffe wird Anis außerdem in vielen Arzneimitteln eingesetzt.

Bittermandeln sind, wie der Name schon sagt, durch ihren bitteren Geschmack von den süßen Mandeln zu unterscheiden. Sie bilden, im rohen Zustand eingenommen, die giftige Blausäure, die bereits in geringen Dosen tödlich sein kann. Beim Backen wird allerdings zumeist das nicht giftige Bittermandelaroma oder -öl verwendet. Aber auch geringe Mengen der ganzen Mandeln können benutzt werden, da die giftigen Stoffe beim Erhitzen im Ofen eliminiert werden.

Brauner Zucker ist ein Vorprodukt von weißem Zucker. Bei der Zuckergewinnung aus Zuckerrüben entsteht ein süßer Sirup. Dieser wird getrocknet und weiter behandelt – brauner Zucker ist entstanden. Wenn man den Zucker mehrfach weiter behandelt, erhält man weißen Zucker. Charakteristisch für braunen Zucker ist ein leicht malziger, an Karamell erinnernder Geschmack.

Die Wurzel der **Ingwerpflanze** ist dank ihrer Scharfstoffe beliebt als Zutat in Erkältungstees. Die Wurzel ist äußerst gesund und bietet Milderung bei Reisekrankheit und Schmerzen. In der Weihnachtsbäckerei eignet sich Ingwer sowohl frisch, in Pulverform als auch getrocknet und anschließend kandiert als Zutat in Teigen oder als Dekoration.

Kardamom ist ein balsamisch schmeckendes Gewürz aus Indien und Sri Lanka. Traditionell findet Kardamom in Lebkuchen-Gewürzmischungen Anwendung. Aufgrund der verdauungsfördernden Wirkung macht Kardamom Lebkuchen und anderes Weihnachtsgebäck leichter verdaulich.

Die positiven Wirkstoffe von **Koriander** waren bereits in der Antike und vor Jahrtausenden in China, Indien und Ägypten bekannt. Koriander eignet sich sowohl zur Behandlung von Verdauungsproblemen, Entzündungskrankheiten sowie als Mittel bei Entgiftungskuren. In der Küche werden neben den grünen Blättern auch die bräunlich-gelben Samen verwendet. Sie sind in der Weihnachtsbäckerei vor allem bei der Zubereitung von Lebkuchen sowie Broten einsetzbar.

Muskat hat ebenso wie Kardamom in Lebkuchenrezepten einen festen Platz. Darüber hinaus wird die geriebene Muskatnuss auch in herzhaften Gerichten mit Spinat, Kartoffeln und verschiedenen Kohlsorten verwendet. Die Muskatnuss wirkt bereits in geringen Dosen entspannend, antibakteriell, verdauungsfördernd und herzstärkend.

Nelken werden hauptsächlich als Gewürz gebraucht, da die kleinen Knospen einen sehr starken Eigengeschmack haben. Gerne wird beim Backen auf den süß-pfeffrigen Geschmack zurückgegriffen, um Gebäck einen besonderen Pfiff zu geben. Unverzichtbar sind Nelken in Lebkuchenrezepten.

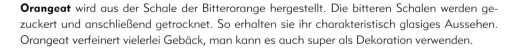

Orangeat wird aus der Schale der Bitterorange hergestellt. Die bitteren Schalen werden gezuckert und anschließend getrocknet. So erhalten sie ihr charakteristisch glasiges Aussehen. Orangeat verfeinert vielerlei Gebäck, man kann es auch super als Dekoration verwenden.

Piment, auch Nelkenpfeffer genannt, wird aus den unreifen Früchten des gleichnamigen in Südamerika wachsenden Baumes gewonnen. Die Früchte werden getrocknet und anschließend gemahlen. Der Name Nelkenpfeffer bildete sich aufgrund der geschmacklichen Ähnlichkeit von Piment zu Pfeffer und Nelken. Außerdem erinnert Piment an Zimt und Muskat.

Pottasche ist aus chemischer Sicht Kaliumkarbonat. Es wird in der Küche als Backtriebmittel verwendet. Bevor Pottasche zum Teig hinzugefügt wird, sollte sie in einer Flüssigkeit aufgelöst werden. So verteilt sich die Pottasche besser im gesamten Teig. Während des Backens schwächt sie die Klebereigenschaften von Weizenmehl ab, sodass der Teig in die Breite geht, nicht in die Höhe.

Rosinen/ Korinthen: Rosine ist der Überbegriff für getrocknete Weintrauben. Untersorten sind neben den aus Korinth stammenden, kleineren und dunklen Korinthen die hellen, mit einer Mischung aus Pottasche und Olivenöl getrockneten Sultaninen. Rosinen gehören zur Weihnachtsbäckerei wie Fische ins Wasser.

Safran wird aus der Blüte der gleichnamigen Krokusart gewonnen, die nur im Herbst blüht. Dafür werden die Stempel der Blume per Hand einzeln aus der Blüte gezogen und anschließend getrocknet. Die zeitlich begrenzte und spezielle Art der Gewinnung des Gewürzes ist der Grund, warum Safran mit zu den teuersten Gewürzen zählt.

Vanilleschoten werden aus den fermentierten Kapselfrüchten bestimmter Orchideenarten gewonnen. Vanille ist das wohl am meisten verwendete Gewürz der süßen Küche. Auch in der Weihnachtsbäckerei finden sich daher sehr viele Rezepte mit der Zutat Vanille.

Bei **Zimt oder Zimtstangen** handelt es sich um die Innenrinde des tropischen Zimtbaumes. Sie befindet sich zwischen der Borke und der Mittelrinde. Nach der Ernte werden bis zu 10 Rinden ineinander geschoben und anschließend getrocknet. Zimt ist eines der bei Diabetes am besten einsetzbaren Gewürze, da er Blutdruck senkend wirkt. Zimt ist das Gewürz, welches die Deutschen mit seinem Geruch am meisten an die Weihnachtszeit erinnert und daher nicht aus der Weihnachtsbäckerei wegzudenken ist.

Zitronat, im Supermarkt auch unter dem Namen **Sukkade** erhältlich, wird aus der Zitronenart der Amalfi-Zitrone gewonnen, die eine besonders dicke Schale und einen vergleichsweise geringen Anteil an Fruchtfleisch hat. Die Schalen werden gezuckert und getrocknet und eignen sich damit bestens für die Weihnachtsbäckerei. Die Schalen werden außerdem wie die der Bitterorange zur Herstellung von Likören und Marmeladen verwendet.

KLASSIKER AUS OMAS BACKSTUBE

„Plätzchen backen?
Nöö, Teig essen."

2 Backbleche | 42-46 Min. | leicht

VANILLEKIPFERL

Zubereitungszeit: 30 Minuten
Backzeit: 6-8 Minuten pro Blech,
  170°C Umluft
Backutensilien: 2 Backbleche
Zutaten für 2 Bleche

---

100 g Mandeln, ungeschält

---

200 g Weizenmehl, Type 405

---

50 g Zucker

---

2 Päckchen Vanillezucker

---

2 Eigelb, Größe M

---

150 g Butter, kalt, in Stücken

---

etwas Puderzucker
zum Bestäuben

---

1. Als Erstes heizt du den Backofen auf 170°C Umluft vor.

2. Zermahle die Mandeln im Mixtopf 10 Sekunden/ Stufe 7, gib Mehl, Zucker und Vanillezucker hinzu und verrühre die Zutaten 30 Sekunden/ Stufe 2.

3. Als Nächstes fügst du die Eigelbe und die Butter hinzu und verrührst alles 1 Minute/ Stufe 4 zu einem Teig.

4. Forme den Teig auf einer bemehlten Arbeitsfläche zu 3 cm dicken Rollen, die du dann wiederum in 1 cm breite Scheiben schneidest. Rolle zwischen bemehlten Händen die Scheiben zu Kipferln und verteile diese auf die mit Backpapier ausgelegten Backbleche.

5. Backe die Vanillekipferl im vorgeheizten Backofen nacheinander jeweils 6-8 Minuten/ 170°C Umluft aus.

6. Lass die Vanillekipferl nach dem Backen abkühlen und bestäube sie dann nach Belieben mit Puderzucker.

mixtipp
Wenn die Naschkatzen bei dir Zuhause nicht direkt alle Vanillekipferl aufessen, lagere sie in einer Blechdose.

50 Stück | 39-45 Min. | leicht

MOHNMAKRONEN

Zubereitungszeit: 15 Minuten
Backzeit: 12-15 Minuten
 pro Blech, 180°C
 Ober-/Unterhitze
Backutensilien: 2 Backbleche
Zutaten für 50 Stück

---

150 g Zucker

---

3 Eiweiß, Größe M

½ Bio-Orange

---

1 Msp. Vanillemark

---

150 g Mohnsamen

---

1. Heize zunächst den Backofen auf 180°C Ober-/ Unterhitze vor und lege ein Backblech mit Backpapier aus.

2. Als Nächstes pulverisierst du den Zucker im Mixtopf 10 Sekunden/ Stufe 10 zu Puderzucker. Warte 1 Minute, bevor du den Deckel öffnest, da der Zucker sehr stauben könnte. Fülle ihn anschließend in ein Schälchen um.

3. Nun setzt du den Schmetterling in den Mixtopf ein und schlägst das Eiweiß 4 Minuten/ Stufe 4 zu Eischnee.

4. Wasche die Orange heiß ab und trockne sie mit einem Küchenkrepp. Reibe die Schale der halben Bio-Orange mit einer feinen Reibe in den Mixtopf und gib dann den Puderzucker, das Vanillemark und die Mohnsamen dazu. Verrühre die Zutaten 20 Sekunden/ Stufe 3.

5. Setze dann mit zwei Teelöffeln kleine Häufchen auf die Backbleche. Lass zwischen diesen genug Abstand, falls die Makronen auseinanderlaufen. Backe die Makronen nacheinander 12-15 Minuten/ 180°C Umluft.

mixtipp
Den Makronenteig kann man auch auf runde Oblaten verteilen.

ca. 25 Stück | 3 h 45 Min. | leicht

HONIGBROT

Zubereitungszeit: 30 Minuten
Ruhezeit: mindestens 3 Stunden
Backzeit: 15 Minuten,
  180°C Ober-/Unterhitze
Backutensilien: 1 Backblech,
  Kuchengitter
Zutaten für ca. 25 Stück

250 g Mehl, Type 405

2 TL Backpulver

200 g Zucker

½ TL gemahlene Nelken

2 TL Lebkuchengewürz

1 TL gemahlener Zimt

geriebene Schale
von ½ Bio-Zitrone

3 EL Honig

2 Eier, Größe M

100 g fein gehackte Mandeln

1 Prise Salz

200 g Zartbitterkuvertüre

1. Verrühre Mehl und Backpulver in einer Schüssel und siebe die Mischung anschließend in den Mixtopf.

2. In den Mixtopf gibst du ebenfalls Zucker, Nelkenpulver, Lebkuchengewürz, Zimt, geriebene Zitronenschale der gewaschenen Zitrone, Honig, Eier, Mandeln und Salz.

3. Verrühre alle Zutaten 2 Minuten/ Stufe 2. Schalte nach ca. 20 Sekunden auf Stufe 4 hoch. Heize den Ofen auf 180°C Ober-/Unterhitze vor.

4. Lege den Teig auf eine bemehlte Arbeitsfläche und forme etwa fingerdicke und -lange Rollen daraus. Tipp: Das klappt gut, wenn du deine Hände leicht mit Rapsöl einfettest. Reinige den Mixtopf und trockne ihn ab.

5. Lege die Röllchen auf ein mit gefettetem Backpapier belegtes Backblech. Da die Plätzchen aufgehen, lass zwischen ihnen einen Abstand von ca. 1 cm.

6. Backe die Honigbrote 15 Minuten/ 180°C Ober-/Unterhitze fertig. Lass sie auf einem Kuchengitter komplett auskühlen.

7. Anschließend zerkleinerst du Zartbitterkuvertüre in Stücken 5 Sekunden/ Stufe 5 im gereinigten Mixtopf. Schiebe die Stücke mit dem Spatel nach unten. Erhitze sie 5 Minuten/ 45°C/ Stufe 1 und glasiere die Honigbrote damit.

8. Abschließend lässt du die glasierten Honigbrote mindestens 3 Stunden trocknen.

mixtipp

Backe die Plätzchen schon zwei bis drei Wochen vor dem Weihnachtsfest – dann haben sie Zeit ihr Aroma vollends zu entfalten.

| 1 Backblech | 10 h 38-40 Min. | leicht |

ZIMT- MARZIPANSTERNE

Zubereitungszeit: 30 Minuten
Ruhezeit: 10 Stunden
Backzeit: 8-10 Minuten,
  190°C Ober-/Unterhitze
Backutensilien: 1 Backblech
Zutaten für 1 Blech

Für den Teig:

250 g Mandeln, geschält

100 g Marzipan-Rohmasse, in Stücken

3 Eiweiß, Größe M

1 Prise Salz

250 g Zucker

1 TL Zimtpulver

1 Päckchen Vanillezucker

1 Spritzer Zitronensaft

Für das Baiser:

200 g Zucker

2 Eiweiß, Größe M

1 Prise Salz

1. Da der Teig 10 Stunden ruhen muss, bereitest du ihn am besten einen Abend vorher vor. So kann er über Nacht ruhen. Zermahle dafür als Erstes die Mandeln im Mixtopf 10 Sekunden/ Stufe 7 und fülle sie in eine Schale. Dann zerkleinerst du die Marzipanrohmasse im Mixtopf 10 Sekunden/ Stufe 6 und füllst auch diese in eine Schale. Reinige anschließend gründlich den Mixtopf und achte dabei darauf, dass er fettfrei ist.

2. Setze als Nächstes den Schmetterling auf die Klinge und schlage das Eiweiß mit Salz im Mixtopf 4 Minuten/ Stufe 4 auf. Lass dabei den Zucker langsam durch die Deckelöffnung einrieseln. Nimm nach dem Eischnee schlagen den Schmetterling ab.

3. Füge die zerkleinerte Marzipanrohmasse und die Mandeln hinzu und verrühre alles 30 Sekunden/ Stufe 3.

4. Gib dann Zimt, Vanillezucker und Zitronensaft hinzu und rühre die Zutaten 30 Sekunden/ Stufe 3 unter.

5. Fülle den Teig in eine Schale, bedecke diese mit Frischhaltefolie und lass sie 10 Stunden im Kühlschrank ruhen. Reinige den Mixtopf gründlich.

6. Nach der Ruhezeit pulverisierst du 50 g Zucker im Mixtopf 10 Sekunden/ Stufe 10. Warte 1 Minute bevor du den Deckel öffnest und fülle den Puderzucker in eine Schale.

7. Reinige den Mixtopf gründlich.

8. Setze dann den Schmetterling auf die Klinge und schlage das Eiweiß mit Salz 4 Minuten/ Stufe 4 zu Eischnee. Lass dabei 100 g Zucker langsam durch die Deckelöffnung einrieseln.

9. Die übrigen 50 g Zucker vermischst du mit dem Puderzucker und gibst die Mischung zu dem Eischnee dazu. Verrühre alles 30 Sekunden/ Stufe 4 und stelle die Baisermasse bis zu ihrer Weiterverarbeitung in den Kühlschrank.

10. Heize den Backofen auf 190°C Ober-/Unterhitze vor.

11. Rolle den Teig auf einer mit Mehl bestäubten Arbeitsfläche 1 cm dick aus. Hilfreich dabei ist, wenn du den Teig mit Frischhaltefolie bedeckst und dann ausrollst. Steche den Teig mit einer sternförmigen Ausstechform aus und lege die Sterne auf ein mit Backpapier ausgelegtes Backblech.

12. Bestreiche die Sterne mit der Baisermasse und backe sie im vorgeheizten Backofen auf unterster Schiene, 8-10 Minuten/ 190°C Ober-/Unterhitze aus.

ca. 50 Stück | 54 Min. | leicht

ANISKEKSE

Zubereitungszeit: 30 Minuten
Backzeit: 12 Minuten pro Blech,
180°C Ober-/Unterhitze
Backutensilien: 2 Backbleche,
Kuchengitter
Zutaten für ca. 50 Stück

---

50 g Butter, weich

---

125 g Zucker

---

1 Ei, Größe M

---

40 g Sahne

---

1 Päckchen Vanillepuddingpulver,
z.B. von Dr. Oetker

---

1 TL fein gemahlener Anis

---

200 g Mehl, Type 405

---

50 g Speisestärke

½ Päckchen Backpulver

---

2 Eigelb, Größe M

---

1. Heize den Backofen schon einmal auf 180°C
Ober-/Unterhitze vor.

2. Setze den Schmetterling in den Mixtopf ein. Fülle
die Butter, den Zucker und das Ei in den Mixtopf und
schlage die Zutaten 2 Minuten/ Stufe 3 schaumig.
Nimm den Schmetterling von der Klinge.

3. Nun fügst du Sahne, Puddingpulver, Anis, Mehl,
Speisestärke und das Backpulver hinzu und verknetest
alle Zutaten 3 Minuten/ Teigknetstufe.

4. Jetzt kannst du den Teig auf einer bemehlten Arbeitsfläche ausrollen, Kekse ausstechen und auf zwei
mit Backpapier belegte Backbleche legen.

5. Verquirle die Eigelbe miteinander und bestreiche
die Kekse damit. Backe die Backbleche nacheinander
jeweils 12 Minuten/ 180°C Ober-/Unterhitze. Das Gebäck nach Ablauf der Backzeit aus dem Ofen nehmen
und auf einem Kuchengitter vollständig auskühlen
lassen.

ca. 20 Stück | 3 h 10 Min. | mittel

ZIMTFLÖCKCHEN

Zubereitungszeit: 10 Minuten
Backzeit: 1 ½ Stunden pro Blech,
120°C Ober-/Unterhitze
Backutensilien: 1 Spritzbeutel
mit Sterntülle, 2 Backbleche
Zutaten für ca. 20 Stück

---

2 Eiweiß, Größe M

---

1 Prise Salz

---

100 g Zucker

---

1 TL Speisestärke

½ TL Zimtpulver

---

20 Backoblaten (ø 50 mm)

Zimtpulver zum Bestäuben

---

1. Heize den Backofen auf 120°C Ober-/Unterhitze vor.

2. Setze den Schmetterling auf die Klinge im fettfreien Mixtopf. Gib Eiweiß mit einer Prise Salz in den gesäuberten Mixtopf und schlage es 4 Minuten/ Stufe 4 steif. Nach einer Minute lässt du langsam den Zucker durch die Deckelöffnung einrieseln.

3. Vermische nun die Speisestärke mit dem Zimtpulver in einer separaten Schüssel. Gib die Speisestärke-Zimt-Mischung anschließend zu dem Eischnee in den Mixtopf und rühre beides 30 Sekunden/ Stufe 4 unter.

4. Fülle die Masse in einen Spritzbeutel mit Sterntülle und verteile die Oblaten auf die mit Backpapier ausgelegten Backbleche. Nun spritzt du mit dem Spritzbeutel portionsweise aus der Masse Flöckchen auf die Oblaten.

5. Backe die Zimtflöckchen auf den zwei Backblechen nacheinander je 1 ½ Stunden/ 120°C Ober-/Unterhitze im Backofen aus. Nimm die fertigen Flöckchen aus dem Backofen und lass sie vollständig auskühlen. Anschließend kannst du die Flöckchen nach Belieben mit Zimtpulver bestäuben.

2	4 h	leicht
Backbleche	36-40 Min.	

AACHENER PRINTEN

Zubereitungszeit: 20 Minuten
Ruhezeit: 4 Stunden
Backzeit: 8-10 Minuten
 pro Blech, 180°C Umluft
Backutensilien: 2 Backbleche
Zutaten für 2 Bleche

Für den Teig:

75 g Haselnüsse
150 g feiner, brauner Kandis
600 g Weizenmehl, Type 405
50 g Zitronat, in Würfeln
½ TL Anis, gemahlen
1 Messerspitze Koriander, gemahlen
1 Messerspitze Pimentpulver
1 Messerspitze Nelken, gemahlen
500 g Rübenkraut
100 g Zucker
50 g Wasser
½ TL Pottasche
1 Prise Natron
etwas Mehl für die Arbeitsfläche
etwas Milch zum Bestreichen

Für die Glasur:

250 g Zucker
3-4 EL Wasser

1. Als Erstes zerhackst du die Haselnüsse im Mixtopf 7 Sekunden/ Stufe 6 und füllst sie in eine Schale um.

2. Als Nächstes zerkleinerst du den Kandis im Mixtopf 10 Sekunden/ Stufe 10. Füge dann Mehl, Zitronat, Anis, Koriander, Piment und Nelkenpulver hinzu und vermische die Zutaten 10 Sekunden/ Stufe 4. Fülle die Mischung anschließend in eine Schale um.

3. Erhitze nun das Rübenkraut mit dem Zucker und 40 g Wasser im Mixtopf 5 Minuten/ 70°C/ Stufe 2. Achte darauf, dass sich der Zucker vollständig aufgelöst hat und verlängere gegebenenfalls die Einstellung um einige Minuten.

4. Gib nun die Mehl-Gewürz-Mischung dazu und rühre sie 15 Sekunden/ Stufe 4 ein.

5. In einem Schälchen löst du Pottasche und Natron in 10 g Wasser auf und gibst sie in den Mixtopf hinzu. Rühre die Pottasche-Natron-Mischung 10 Sekunden/ Stufe 4 unter.

6. Wickle den Teig in Klarsichtfolie und lass ihn 4 Stunden im Kühlschrank ruhen.

7. Nach der Ruhezeit heizt du den Backofen auf 180°C Umluft vor und legst die 2 Backbleche mit Backpapier aus.

8. Rolle den Teig auf einer bemehlten Arbeitsfläche dünn aus und schneide ihn in etwa 3 x 8 cm große Rechtecke. Verteile die Rechtecke auf die mit Backpapier ausgelegten Backbleche und achte dabei darauf, dass zwischen den Rechtecken immer ein Abstand von etwa 2 cm bleibt.

9. Bepinsele nun die Rechtecke mit etwas Milch und backe sie nacheinander im vorgeheizten Backofen 8-10 Minuten/ 180°C Umluft aus. Lass die Printen nach dem Backen auf einem Rost auskühlen.

10. Zu guter Letzt bestreichst du die Printen mit Zuckerguss. Dafür pulverisierst du den Zucker im gereinigtem Mixtopf 10 Sekunden/ Stufe 10. Warte 1 Minute bevor du den Deckel öffnest und fülle den Puderzucker in eine Schale um. Löse den Puderzucker mit 3-4 EL Wasser auf und bepinsele damit die Printen.

ca. 40 Stück | 1 h 20 Min. | mittel

KOKOSECKEN

Zubereitungszeit: 30 Minuten
Ruhezeit: 30 Minuten
Backzeit: 20 Minuten,
  160°C Umluft
Backutensilien: 1 Backblech
Zutaten für ca. 40 Stück

Für den Teig:

160 g Mehl, Type 405
½ TL Backpulver
1 Ei, Größe M
65 g Margarine, in Stücken
50 g Zucker
1 Päckchen Vanillezucker
1 Prise Salz
Aprikosenkonfitüre, nach Belieben

Für den Belag:

110 g Butter, weich, in Stücken
75 g Zucker
1 Päckchen Vanillezucker
200 g Kokosflocken
20 g Wasser

1. Heize zunächst den Backofen auf 160°C Umluft vor und lege das Backblech mit Backpapier aus.

2. Gib nun Mehl und Backpulver in den Mixtopf und vermische beides 5 Sekunden/ Stufe 8. Füge anschließend Ei, Margarine, Zucker, Vanillezucker und Salz hinzu und verrühre die Zutaten 3 Minuten/ Teigknetstufe. Forme den Teig zu einer Kugel, verpacke ihn in Frischhaltefolie und stelle ihn für mindestens eine halbe Stunde kalt.

3. Nach Ablauf der Zeit musst du den Teig auf dem Backblech so ausrollen, dass das Blech gleichmäßig bedeckt ist, und dünn mit Aprikosenkonfitüre bestreichen.

4. Reinige den Mixtopf.

5. Für den Belag verrührst du nun die zimmerwarme Butter mit dem Zucker, Vanillezucker, den Kokosflocken und dem Wasser 5 Minuten/ 100°C/ Stufe 2.

6. Lass die Kokosmasse etwas abkühlen, verteile sie gleichmäßig auf dem Teig und backe die Kokosecken 20 Minuten/ 160°C Umluft im Backofen.

7. Nach dem Auskühlen schneidest du die Kokosecken.

2
Backbleche

7 h

mittel

BÄRENTATZEN

Zubereitungszeit: 30 Minuten
Backzeit: 15 Minuten pro Blech,
   180°C Ober-/Unterhitze
Ruhezeit: mindestens 6 Stunden
Backutensilien: 2 Backbleche,
   1 Spritzbeutel mit großer
   Sterntülle, Kuchengitter
Zutaten für etwa 2 Bleche

100 g Zartbitterkuvertüre,
in Stücken

125 g Edelbitterschokolade,
in Stücken

250 g ganze Mandeln

3 Eiweiß, Größe M

1 Prise Salz

1 Bio-Zitrone

120 g Zucker

½ TL Zimt

1 Prise gemahlener Kardamom

100 g Nutella

1. Als Erstes zerkleinerst du die Zartbitterkuvertüre im Mixtopf 8 Sekunden/ Stufe 8 und füllst sie in eine Schale um.

2. Zerkleinere dann die Edelbitterschokolade 8 Sekunden/ Stufe 8 und fülle auch diese in eine separate Schale.

3. Als Nächstes zerkleinerst du die Mandeln 10 Sekunden/ Stufe 7 und gibst sie auch in eine separate Schale.

4. Reinige den Mixtopf sehr gründlich. Es dürfen keine Fettreste übrig bleiben!

5. Setze den Schmetterling auf die Klinge und schlage das Eiweiß mit dem Salz im Mixtopf 4 Minuten/ Stufe 4 zu Eischnee. Nimm den Schmetterling ab.

6. Wasche die Zitrone unter warmem Wasser, trockne sie und reibe mit einer feinen Reibe die Schale in den Mixtopf. Füge auch die zerkleinerte Edelbitterschokolade, die zerkleinerten Mandeln, den Zucker, den Zimt und den Kardamom hinzu und verrühre alle Zutaten 2 Minuten/ Stufe 3 unter.

7. Fülle den Teig portionsweise in den Spritzbeutel und spritze ihn in 6 cm lange Streifen auf die mit Backpapier ausgelegten Backbleche aus. Lass zwischen den einzelnen Streifen genug Abstand, da der Teig beim Backen noch etwas aufgeht und die Teigstreifen sonst miteinander verkleben. Die Teigstreifen müssen dann mindestens 6 Stunden an einem trockenen Ort trocknen.

8. Nach der Ruhezeit heizt du den Backofen auf 180°C Ober-/Unterhitze vor und backst die Teigstreifen auf den Blechen nacheinander jeweils 15 Minuten aus.

9. Lass die ausgebackenen Bärentatzen anschließend auf einem Kuchengitter abkühlen.

10. Bestreiche immer eine Bärentatze mit Nutella und belege diese dann mit einer trockenen Bärentatze. Wiederhole diesen Vorgang, bis keine mehr übrig sind.

11. Schmelze die zerkleinerte Zartbitterkuvertüre im Mixtopf 5 Minuten/ 45°C/ Stufe 1 und fülle die geschmolzene Schokolade in ein Schälchen. Tunke dann die einzelnen Tatzen an einer Seite in die Schokolade und lass sie anschließend auf einem Kuchengitter trocknen.

25 Stück | 1 h 27 Min. | mittel

SCHNEETALER

Zubereitungszeit: 45 Minuten
Ruhezeit: 30 Minuten
Backzeit: 12 Minuten,
   160°C Ober-/Unterhitze
Backutensilien: 1 Backblech
Zutaten für 25 Stück

Für den Teig:

75 g Zucker

300 g Mehl, Type 405

250 g Butter, weich, in Stücken

2 Eigelb, Größe M

1 Päckchen Vanillezucker

Für den Belag:

1 Eiweiß, Größe M

75 g Zucker

Für die Creme:

75 g Zucker

2 Eigelb, Größe M

180 g Butter, weich, in Stücken

1 TL Rum

1 EL löslicher Kaffee

50 g gemahlene Nüsse
zum Wälzen

1. Heize zuerst den Backofen auf 160°C Ober-/Unterhitze vor und lege ein Backblech mit Backpapier aus.

2. Pulverisiere den Zucker 10 Sekunden/ Stufe 10 und warte 1 Minute bevor du den Deckel öffnest. Anschließend fügst du das Mehl, Butter, Eigelb und Vanillezucker hinzu und knetest die Masse 3 Minuten/ Teigknetstufe.

3. Nimm den Teig aus dem Mixtopf, verpacke ihn in Frischhaltefolie und stelle ihn für 30 Minuten im Kühlschrank kalt. Reinige den Mixtopf und trockne ihn gut ab.

4. Nach Ablauf der Kühlzeit rollst du den Teig auf einer bemehlten Fläche aus und stichst mit einer runden Keks-Ausstechform Kreise aus. Lege sie auf das Backblech.

5. Für den Belag setzt du den Schmetterling ein, gibst das Eiweiß in den Mixtopf und schlägst es mit dem Zucker 4 Minuten/ Stufe 3,5 zu einer zähflüssigen Creme auf.

6. Bestreiche die Hälfte deiner Kekse mit der Eischneecreme, diese werden nachher als Deckel gebraucht. Backe dann alle Kekse 12 Minuten/ 160°C Ober-/Unterhitze im Backofen.

7. Reinige in der Zwischenzeit wieder den Mixtopf und den Schmetterling und trockne beides gut ab. Pulverisiere anschließend den Zucker für die Creme 10 Sekunden/ Stufe 10 und warte 1 Minute bevor du den Deckel öffnest.

8. Setze nun den Schmetterling wieder ein und gib das Eigelb hinzu. Erwärme die Masse 2 Minuten/ 45°C/ Stufe 3,5 und schlage sie danach noch einmal kalt 2 Minuten/ Stufe 4 auf. Gib jetzt die Butter hinzu und rühre alles 2 Minuten/ Stufe 4 schaumig.

9. Füge zum Schluss noch den Rum und den löslichen Kaffee hinzu und verrühre die Creme 30 Sekunden/ Stufe 4. Bestreiche nun die andere Hälfte der Kekse mit der Creme und setze die Kekse mit der Eischneehaube als Deckel oben drauf. Die Creme sollte ruhig an den Seiten etwas herauslaufen.

10. Streue zum Abschluss die gemahlenen Nüsse auf ein Backblech und wälze die Schneetaler mit dem Cremerand darin.

mixtipp

Ist dir die Kaffee-Rum-Creme zu flüssig, stelle sie für 20 Minuten in den Kühlschrank, bevor du sie weiterverwendest.

NUSSIG FRUCHTIGE VERSUCHUNGEN

,, A Plätzchen a day
keeps the Weihnachtsstress away. ,,

ca. 25 Stück | 2 h 55 Min. | mittel

BENTHEIMER
GERTRAUDENKEKSE

Zubereitungszeit: 55 Minuten
Ruhezeit: 1 Stunde 40 Minuten
Backzeit: 10 Minuten pro Blech,
180°C Ober-/Unterhitze
Backutensilien: 2 Backbleche,
Ausstechform
Zutaten für ca. 25 Stück

---

175 g Mehl, Type 405

---

1 TL Backpulver

---

15 g Vanillepuddingpulver,
z.B. von Dr. Oetker

---

70 g Butter, weich, in Stücken

---

1 Ei, Größe M

½ Päckchen Vanillezucker

---

100 g brauner Zucker

---

80 g gemahlene Walnüsse

---

1 Prise Salz

---

1 EL Honig

---

25 ganze Haselnüsse

---

150 g Marmelade deiner Wahl

---

ca. 60 g Honig

---

50 g gemahlene Haselnüsse

---

1. Siebe das Mehl und das Backpulver in den Mixtopf und gib außerdem hinzu: Puddingpulver, Butter, das Ei, Vanillezucker, braunen Zucker, gemahlene Walnüsse, Salz und Honig.

2. Vermenge die Zutaten 10 Sekunden/ Stufe 3. Anschließend stellst du in 2 Minuten/ Stufe 2 einen Mürbeteig her. Forme aus dem Teig eine Kugel, die du mit Frischhaltefolie umwickelst. Lass die Kugel 1 Stunde im Kühlschrank ruhen.

3. Heize nun den Ofen auf 180°C Ober-/Unterhitze vor. Rolle den Teig anschließend dünn aus (ca. ½ cm dick) und steche Sterne aus. Verteile die Plätzchen auf 2 Backbleche, die du mit Backpapier ausgelegt hast. Auf die Hälfte der Plätzchen legst du je eine Haselnuss, die du leicht andrückst.

4. Backe die Plätzchenbleche nacheinander jeweils 10 Minuten/ 180°C Ober-/Unterhitze auf mittlerer Schiene.

5. Lass die Plätzchen 20 Minuten abkühlen. Erwärme anschließend die Marmelade in einem Topf. Bestreiche jeweils die Unterseite der Haselnussplätzchen und die Oberseite der normalen Plätzchen mithilfe eines Backpinsels mit der Marmelade. Klebe je ein normales Plätzchen und ein Plätzchen mit Haselnuss zusammen.

6. Lass die Doppelkekse weitere 20 Minuten abkühlen. Stippe die Sternzacken in Honig und wälze sie dann in den gemahlenen Haselnüssen.

mixtipp

Alternativ zur Marmelade kannst du die Kekse auch mit geschmolzener Schokolade zusammenkleben.

ca. 50 Stück | 55-65 Min. | leicht

ROSINENSCHLEIFEN

Zubereitungszeit: 25 Minuten
Backzeit: 15-20 Minuten pro
  Blech, 175°C Ober-/Unterhitze
Backutensilien: 2 Backbleche
Zutaten für ca. 50 Stück

Für den Teig:

125 g Akazienhonig

40 g Zucker

50 g Butter

1 Ei, Größe M

½ TL Zimt

1 Msp. Vanillemark

½ TL Kardamom

2 TL Backpulver

275 g Mehl, Type 405

75 g Rosinen

Für den Guss:

100 g Zucker

50 g Zitronensaft

Rosinen, nach Belieben

1. Zunächst schmilzt du den Honig gemeinsam mit dem Zucker und der Butter 5 Minuten/ 60°C/ Stufe 3 im Mixtopf. Lass die Mischung anschließend abkühlen.

2. Dann rührst du das Ei 1 Minute/ Stufe 3 unter. Gib nun den Zimt, das Vanillemark, den Kardamom, das Backpulver, das Mehl und die Rosinen hinzu und vermenge die Zutaten 3 Minuten/ Linkslauf/ Stufe 2 zu einem geschmeidigen Teig.

3. Heize nun den Backofen auf 175°C Ober-/Unterhitze vor und lege ein Backblech mit Backpapier aus.

4. Rolle den Teig auf einer bemehlten Arbeitsfläche dünn aus. Schneide aus dem Teig 3 x 3 cm große Quadrate, die du in der Mitte mit Daumen und Zeigefinger so zusammendrückst, dass kleine Schleifen entstehen.

5. Verteile die Rosinenschleifen auf dem Blech und backe sie 15-20 Minuten/ 175°C Ober-/Unterhitze. Achte darauf, dass sie nicht zu dunkel werden. Lass sie nach der Backzeit auskühlen.

6. Pulverisiere im gereinigten Mixtopf den Zucker 10 Sekunden/ Stufe 10. Warte 1 Minute bevor du den Deckel öffnest und verrühre den Puderzucker dann in einem separaten Schälchen mit dem Zitronensaft zu einem Guss. Bestreiche damit die Plätzchen. Nach Belieben kannst du Rosinen auf den Schleifen verteilen.

mixtipp
Du kannst die Schleifen auch in Zartbitterkuvertüre tauchen.

ca. 20 Stück   30 Min.   leicht

QUARKBRÖTCHEN

Zubereitungszeit: 15 Minuten
Backzeit: 15 Minuten,
  180°C Ober-/Unterhitze
Backutensilien: 1 Backblech,
  Kuchengitter
Zutaten für ca. 20 Stück

Für den Teig:

10 g Zucker

1 Prise Salz

abgeriebene Schale
von ½ Bio-Zitrone

1 Ei, Größe M

250 g Mehl

1 Päckchen Backpulver

150 g Magerquark

65 g Korinthen

Für die Glasur:

100 g Butter, weich, in Stücken

Puderzucker, nach Belieben

1. Zuerst gibst du Zucker, Salz, Zitronenschale und das Ei in den Mixtopf und verrührst die Zutaten 40 Sekunden/ Stufe 4. Danach fügst du Mehl, Backpulver, Quark und die Korinthen hinzu und verknetest alles 3 Minuten/ Teigknetstufe.

2. Belege ein Backblech mit Backpapier. Heize den Backofen auf 180°C Ober-/Unterhitze vor.

3. Da der Teig sehr klebrig ist, solltest du mit bemehlten Händen arbeiten. Forme aus dem Teig kleine runde Brötchen und lege diese auf das Backblech. Anschließend reinigst du den Mixtopf.

4. Backe die Brötchen auf der mittleren Schiene 15 Minuten/ 180°C Ober-/Unterhitze unter Beobachtung und achte dabei unbedingt auf die Backzeit. Wenn die Brötchen zu lange backen, werden sie gummiartig.

5. Nimm die fertig gebackenen Brötchen aus dem Backofen. Schmelze die Butter 2 Minuten/ 60°C/ Stufe 2 im Mixtopf. Bestreiche die noch warmen Brötchen mit der geschmolzenen Butter mithilfe eines Backpinsels und streue Puderzucker darüber. Lass die Quarkbrötchen auf einem Kuchengitter vollständig auskühlen.

mixtipp

Bewahre die Quarkbrötchen
bis zum Verzehr in einer
Plätzchendose kühl auf.

25 Stück | 1 h 10 Min. | leicht

NUSSKÜSSCHEN

Zubereitungszeit: 10 Minuten
Ruhezeit: 30 Minuten
Backzeit: 30 Minuten,
  140°C Ober-/Unterhitze
Backutensilien: 1 Backblech
Zutaten für 25 Stück

---

200 g ganze Haselnüsse

---

100 g Zartbitterschokolade,
in Stücken

---

120 g Zucker

---

130 g Butter, weich, in Stücken

1. Zuerst heizt du den Backofen auf 140°C Ober-/ Unterhitze vor und bereitest das Backblech mit Backpapier vor.

2. Dann zerkleinerst du 150 g der Nüsse 8 Sekunden/ Stufe 8 und füllst sie um.

3. Anschließend zerkleinerst du die Schokolade 8 Sekunden/ Stufe 8 und stellst auch sie zur Seite.

4. Danach pulverisierst du den Zucker 10 Sekunden/ Stufe 10. Warte 1 Minute bevor du den Deckel öffnest.

5. Jetzt setzt du den Schmetterling ein, gibst die weiche Butter zu dem Puderzucker und schlägst beides 30 Sekunden/ Stufe 4 schaumig.

6. Nun fügst du die Nüsse und die Schokolade hinzu und knetest die Masse 30 Sekunden/ Teigknetstufe zu einem Teig. Stelle den Teig für 30 Minuten im Kühlschrank kalt.

7. Nach Ablauf der Kühlzeit formst du aus dem Teig kleine Kugeln, legst diese auf das Backblech und dekorierst jede mit einer ganzen Haselnuss. Achte darauf, zwischen den Kugeln genügend Abstand zu halten, da sie beim Backen auseinander gehen.

8. Backe die Nussküsschen 30 Minuten/ 140°C Ober-/Unterhitze im Backofen und lass sie vor dem Verzehr auskühlen.

1 Backblech | 1 h 35 Min. | leicht

HASELNUSSZWIEBACK

Zubereitungszeit: 10 Minuten
Backzeit: 25 Minuten, 190°C/
1 Stunde, 50°C
Ober-/Unterhitze
Backutensilien: 1 Kastenform,
1 Backblech
Zutaten für 1 Kastenform,
1 Blech

---

200 g Zucker

---

5 Eier, Größe M

---

230 g Weizenmehl, Type 405

---

5 g Backpulver

---

150 g Haselnüsse, ganz

---

etwas Butter für die Form

---

etwas Mehl für die Form

---

1. Pulverisiere als Erstes den Zucker im Mixtopf 10 Sekunden/ Stufe 10.

2. Warte 1 Minute bevor du den Deckel öffnest, da der Zucker zu sehr staubt. Gib dann die Eier hinzu und rühre sie 2 Minuten/ Stufe 3 schaumig auf.

3. Vermische das Mehl mit dem Backpulver und füge die Mischung in den Mixtopf hinzu. Verrühre nun alles 2 Minuten/ Stufe 5 zu einem Teig.

4. Fette währenddessen die Kastenform mit etwas Butter ein und bestäube sie mit etwas Mehl. Heize den Backofen auf 190°C Ober-/Unterhitze vor.

5. Rühre die Haselnüsse mit Hilfe des Spatels in den Teig ein und verteile diesen gleichmäßig in die gefettete Kastenform.

6. Backe den Teig nun im vorgeheizten Backofen 25 Minuten/ 190°C Ober-/ Unterhitze aus und stürze ihn zum Auskühlen auf einen Kuchenrost.

7. Schneide das Zwiebackbrot in 1 cm dünne Scheiben und lege diese auf ein Backblech.

8. Die Scheiben trocknest du dann 1 Stunde/ 50°C Ober-/Unterhitze im Backofen. Fertig ist dein Zwieback.

mixtipp
Wenn du ein elektrisches Schneidemesser hast, kannst du das Zwiebackbrot sehr gut in feine Scheiben schneiden.

mixtipp
Die Haselnüsse können auch durch ganze blanchierte Mandeln ersetzt werden.

| 1 Brot | 55-75 Min. | leicht |

FRÜCHTEBROT

Zubereitungszeit: 15 Minuten
Backzeit: 40-60 Minuten,
160°C Ober-/Unterhitze
Backutensilien: 1 Brotbackform,
alternativ 1 Kastenform
Zutaten für 1 Brot

---

5 Eier, Größe M

---

1 Prise Salz

---

120 g Zucker

---

130 g Haselnüsse

---

50 g Zartbitterkuvertüre

---

100 g getrocknete Feigen

---

80 g Butter, weich, in Stücken

---

120 g Weizenmehl, Type 405

---

50 g Rosinen

---

50 g kandierte Früchte,
nach Belieben

---

etwas Butter für die Form

---

geschälte Mandeln
zum Verzieren

1. Als Erstes trennst du die Eier und gibst das Eiweiß mit 1 Prise Salz in den Mixtopf. Setze den Schmetterling auf die Klinge und schlage das Eiweiß 4 Minuten/ Stufe 4 zu Eischnee. Während das Eiweiß aufschlägt, lässt du 60 g Zucker langsam durch die Deckelöffnung einrieseln. Nimm nach dem Aufschlagen den Schmetterling ab und fülle den Eischnee in eine separate Schale um. Stelle den Eischnee bis zu seiner Weiterverarbeitung in den Kühlschrank.

2. Reinige und trockne den Mixtopf gründlich und heize den Backofen auf 160°C Ober-/Unterhitze vor.

3. Zerkleinere nun im Mixtopf 80 g Haselnüsse 10 Sekunden/ Stufe 7 und fülle sie in eine separate Schale.

4. Als Nächstes zerkleinerst du die Schokolade 8 Sekunden/ Stufe 8 und schüttest sie zu den zerkleinerten Haselnüssen.

5. Nun zerkleinerst du die Feigen 5 Sekunden/ Stufe 5 und füllst auch sie in eine separate Schale. Reinige und trockne anschließend den Mixtopf gründlich.

6. Pulverisiere nun 60 g Zucker im Mixtopf 10 Sekunden/ Stufe 10 und warte 1 Minute bevor du den Deckel öffnest. Gib dann Butter und Eigelb in den Mixtopf dazu und verrühre die Zutaten 2 Minuten/ Stufe 3.

7. Jetzt gibst du das Mehl und die Haselnuss-Schoko-Mischung hinzu und verrührst alles 1 Minute/ Stufe 3 zu einem Teig. Danach rührst du mit Hilfe des Spatels den Eischnee 30 Sekunden/ Stufe 3 unter.

8. Gib dann auch die Rosinen, die kandierten Früchte, 50 g Haselnüsse und die zerkleinerten Feigen hinzu und rühre sie 30 Sekunden/ Linkslauf/ Stufe 4 unter.

9. Fette die Backform mit etwas Butter ein und verteile den Teig gleichmäßig in der Form. Verziere das Brot mit den Mandeln und backe es 40-60 Minuten/ 160°C Ober-/ Unterhitze aus. Die Backzeit variiert je nach Gerät, deshalb solltest du nach 40 Minuten Backzeit eine Messerprobe durchführen. Wenn noch Teig an dem Messer haften bleibt, ist das Brot noch nicht ausgebacken.

mixtipp

Dekoriere das Früchtebrot mit Nüssen anstatt mit Mandeln.

| 1 Kuchen | 1 h | mittel |

NUSS-PACKERL

Zubereitungszeit: 30 Minuten
Backzeit: 30 Minuten,
  170°C Ober-/Unterhitze
Backutensilien: 1 Backblech
Zutaten für 1 Kuchen

Für die Füllung:

250 g Nüsse

250 g Zucker

4 Eigelb, Größe M

Für den Teig:

100 g Zucker

250 g Butter, weich, in Stücken

500 g Mehl, Type 405

3 Eigelb, Größe M

Kirschmarmelade
zum Bestreichen,
alternativ Johannisbeergelee

1. Heize zuerst den Backofen auf 170°C Ober-/Unterhitze vor und lege ein Backblech mit Backpapier aus.

2. Dann gibst du die Nüsse in den Mixtopf und zerkleinerst sie 2 Sekunden/ Stufe 6. Stelle sie anschließend beiseite.

3. Nun pulverisierst du den Zucker 10 Sekunden/ Stufe 10 und wartest vor dem Öffnen des Deckels 1 Minute, weil die Staubentwicklung sehr hoch sein kann.

4. Anschließend schiebst du den Puderzucker mit dem Spatel nach unten, setzt den Schmetterling ein und gibst die 4 Eigelb hinzu. Schlage die Masse 2 Minuten/ Stufe 4 schaumig.

5. Hebe mit Hilfe des Spatels die zerkleinerten Nüsse unter und fülle die Nussmasse in eine separate Schüssel um. Reinige den Mixtopf grob vor dem nächsten Arbeitsschritt.

6. Pulverisiere für den Teig nun den Zucker 10 Sekunden/ Stufe 10 und warte auch diesmal 1 Minute, bevor du den Deckel öffnest, damit sich der Zuckerstaub legen kann.

7. Dann gibst du die Butter, das Mehl und die 3 Eigelb hinzu und knetest die Zutaten 5 Minuten/ Teigknetstufe.

8. Nun rollst du ¾ des Teiges aus, legst ihn auf das vorbereitete Backblech und bestreichst ihn mit Marmelade. Anschließend verteilst du auf der Marmelade gleichmäßig die Nussmischung.

9. Dann rollst du den restlichen Teig aus und schneidest ihn in längliche Streifen, die du wie ein Gitter auf dem Nusskuchen anordnest. Backe den Nusspackerl für ca. 30 Minuten 170°C Ober-/Unterhitze im Backofen.

10. Lass den Kuchen nach der Backzeit auskühlen, bestreue ihn mit Puderzucker und schneide ihn in kleine Vierecke.

mixtipp

Bei diesem Rezept wurde eine Haselnussmischung verwendet, du kannst dir aber auch gerne deine Lieblingsnüsse aussuchen.

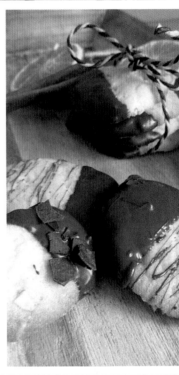

KNUSPER, KNUSPER, KNÄUSCHEN

„Sind Keksdiebe eigentlich krümenell?**"**

60 Stück | 12 h 39 Min. | leicht

CRÈME FRAÎCHE-KNUSPERCHEN

Zubereitungszeit: 15 Minuten
Ruhezeit: 12 Stunden
Backzeit: 12 Minuten pro Blech,
  180°C Umluft
Backutensilien: 2 Backbleche
Zutaten für 60 Stück

Für den Teig:

250 g Mehl, Type 405

200 g Butter, in Stücken

150 g Crème Fraîche

Für den Belag:

1 Eigelb, Größe M, verquirlt

Zimtzucker, zum Bestreuen

Mohnzucker, zum Bestreuen

1. Als Erstes knetest du aus Mehl, Butter und Crème Fraîche 3 Minuten/ Teigknetstufe einen geschmeidigen Teig. Gib den Teig auf eine bemehlte Arbeitsfläche und forme ihn zu Rollen mit je 2,5 cm Durchmesser. Wickle diese anschließend in Frischhaltefolie und stelle sie über Nacht kalt.

2. Am nächsten Tag heizt du zunächst den Backofen auf 180°C Umluft vor und legst ein Backblech mit Backpapier aus.

3. Schneide die Teigrollen in ½ cm dicke Scheiben und lege sie direkt – du musst zügig arbeiten, da der Teig sehr schnell wieder weich wird – auf das Backblech. Bestreiche die Plätzchen mit etwas Eigelb und bestreue sie mit Zimt- oder Mohnzucker.

4. Backe sie dann nacheinander 12 Minuten/ 180°C Umluft.

mixtipp

Du kannst die Knuspertaler auch mit Hagelzucker oder bunten Perlen bestreuen! Nimm das, was du gerade zu Hause hast!

ca. 50 Stück

1 h
24-30 Min.

leicht

ZITRONENLECKERLI

Zubereitungszeit: 30 Minuten
Ruhezeit: 30 Minuten
Backzeit: 12-15 Minuten
  pro Blech, 180°C
  Ober-/Unterhitze
Backutensilien: 2 Backbleche
Zutaten für ca. 50 Stück

Für den Teig:

abgeriebene Schale
von ½ Bio-Zitrone

200 g Semmelbrösel

100 g Zucker

150 g Butter, weich, in Stücken

1 Ei, Größe M

50 g gemahlene Mandeln

1 EL Zitronensaft

1 Prise Salz

20 g Mehl

Für die Glasur:

1 Ei, Größe M

10 g Milch

Zucker

1. Heize zu Beginn den Backofen auf 180°C Ober-/Unterhitze vor. Wasche anschließend die Zitrone und reibe die Schale ab.

2. Dann gibst du Semmelbrösel, Zucker, Butter, Ei, Mandeln, Zitronenschale, Zitronensaft, Salz und das Mehl in den Mixtopf. Nun verknetest du alles 3 Minuten/ Teigknetstufe. Den krümeligen Teig in Klarsichtfolie wickeln, eine Kugel formen und eine halbe Stunde im Kühlschrank ruhen lassen.

3. Anschließend stichst du mit einem Teelöffel Teigstücke von der Kugel und formst sie mithilfe eines weiteren Teelöffels zu Teighäufchen. Lege sie auf zwei mit Backpapier belegte Backbleche.

4. Verrühre Ei und Milch in einer separaten Schüssel. Bestreiche die Teighäufchen mit der Mischung und streue den Zucker über die Kekse.

5. Backe die Kekse jeweils 12-15 Minuten/ 180°C Ober-/Unterhitze.

6. Nimm die fertig gebackenen Plätzchen aus dem Ofen und lass sie auf einem Kuchengitter auskühlen. Bewahre sie bis zum Verzehr in einer Plätzchendose auf.

mixtipp

Achte immer unbedingt auf die Bio-Qualität von Zitronen und Orangen, wenn der Schalenabrieb verwendet wird.

ca. 60 Stück | 2 h 44 Min. | leicht

FRIESISCHES KAFFEEGEBÄCK (RINGE)

Zubereitungszeit: 20 Minuten
Ruhezeit: 2 Stunden
Backzeit: 12 Minuten pro Blech,
 200°C Ober-/Unterhitze
Backutensilien: 2 Backbleche
Zutaten für ca. 60 Stück

---

abgeriebene Schale
von 1 Bio-Orange

---

150 g Butter, weich, in Stücken

---

1 Prise Salz

---

100 g Zucker

---

2 Eigelb, Größe M

---

1 Prise Muskatnuss

---

150 g Mehl, Type 405

---

100 g Hagelzucker

1. Reibe zunächst die Schale der gewaschenen Bio-Orange mit einer feinen Reibe in den Mixtopf.

2. Rühre Butter, Salz, Zucker, 1 Eigelb und Muskatnuss gemeinsam mit der abgeriebenen Schale im Mixtopf 2 Minuten/ Stufe 5 schaumig.

3. Siebe das Mehl in den Mixtopf hinzu und menge es 2 Minuten/ Stufe 3 unter den Teig. Knete den Teig mit den Händen noch einmal durch und forme ihn zu einer Rolle. Wickele die Teigrolle in Frischhaltefolie ein und kühle den Teig 2 Stunden im Kühlschrank.

4. Anschließend heizt du den Ofen auf 200°C Ober-/ Unterhitze vor und belegst 2 Backbleche mit Backpapier.

5. Verquirle das verbliebene Eigelb in einer kleinen Schüssel und bestreiche die Teigrolle damit. Wälze sie anschließend in dem Hagelzucker.

6. Schneide 4 mm dicke Scheiben aus der Teigrolle, die du auf die Backbleche legst. Mithilfe eines Apfelentkerners stichst du in der Mitte der Kekse ein Loch aus. Forme den Lochteig wieder zu einer Rolle, die du mit Eigelb bestreichst und in Hagelzucker wälzt. Schneide auch diese Rolle in Scheiben. Lege die ungelochten Plätzchen auf die Backbleche.

7. Backe die Plätzchenbleche nacheinander jeweils 12 Minuten/ 200°C Ober-/Unterhitze. Lass die Kekse abschließend abkühlen.

mixtipp
Du kannst anstelle von Ringen auch nur Taler machen! Dann brauchst du keine Löcher in der Mitte der Kekse ausstechen. Das geht einfacher und schneller!

ca. 60 Stück 2 h 46 Min. leicht

MARZIPAN-KNUSPERTALER

Zubereitungszeit: 20 Minuten
Ruhezeit: mindestens 2 Stunden
Backzeit: 13 Minuten pro Blech,
180°C Ober-/Unterhitze
Backutensilien: 2 Backbleche
Zutaten für ca. 60 Stück

200 g Margarine, weich,
in Stücken

150 g Marzipan-Rohmasse,
in Stücken

100 g Zucker

1 Prise Salz

2 Tropfen Bittermandelaroma

1 Ei, Größe M

100 g Mandelstifte

200 g Mehl, Type 405

100 g Vollmilchkuvertüre,
in Stücken

1. Vermische Margarine, Marzipan, Zucker, Salz und Bittermandelaroma im Mixtopf 2 Minuten/ Stufe 3.

2. Füge das Ei und die Mandelstifte 10 Sekunden/ Linkslauf/ Stufe 3 hinzu.

3. Gib das gesiebte Mehl hinzu und menge es 2 Minuten/ Linkslauf/ Stufe 4 unter die Masse.

4. Knete den Teig noch einmal mit den Händen durch, forme ihn zu 2 Rollen und wickle beide in Frischhaltefolie ein. Stelle die Rollen für mindestens 2 Stunden im Kühlschrank kalt. In der Zwischenzeit reinigst du den Mixtopf und trocknest ihn ab.

5. Danach wickelst du die Rollen aus, heizt den Backofen auf 180°C Ober-/Unterhitze vor und belegst zwei Backbleche mit Backpapier.

6. Schneide die Teigrollen in ca. 1 cm dicke Scheiben, die du auf die Backbleche legst. Falls nötig, drücke die Plätzchen mit einem Löffel glatt.

7. Backe die Bleche nacheinander 13 Minuten/ 180°C Ober-/Unterhitze auf mittlerer Schiene. Lass die Kekse dann abkühlen.

8. Zerkleinere die Schokolade 5 Sekunden/ Stufe 5 im Mixtopf und schmelze sie 5 Minuten/ 45°C/ Stufe 1. Tunke die Kekse mit einer Seite in die flüssige Schokolade und lege sie zum Trocknen auf Backpapier.

9. Fülle die restliche Schokolade in einen Spritzbeutel und ziehe mit dem kleinsten Aufsatz Streifen über die Kekse.

mixtipp

Verziere die Taler mit deiner Lieblingsschokolade: Auch dunkle Kuvertüre eignet sich sehr gut!

ca. 50 Stück | 1 h 30 Min. | mittel

HONIGWAFFELN

Zubereitungszeit: 10 Minuten
Ruhezeit: 1 Stunde
Backzeit: 20 Minuten,
 180°C Ober-/Unterhitze
Backutensilien: 1 Backblech
Zutaten für ca. 50 Stück

300 g Mehl, Type 405

1 Ei, Größe M

200 g Butter, kalt, in Stücken

175 g Zucker

1 Päckchen Vanillezucker

250 g Honig

Puderzucker zum Bestäuben

1. Gib Mehl, das Ei, Butter, Zucker und Vanillezucker in den Mixtopf und verrühre die Zutaten 4 Minuten/ Stufe 4. Forme den Teig zu einer Kugel und wickle diese in Frischhaltefolie ein. Lass die Teigkugel für 1 Stunde im Kühlschrank ruhen.

2. Heize den Backofen auf 180°C Ober-/Unterhitze vor. Nach der Kühlzeit halbierst du den Teig und rollst beide Hälften auf einer bemehlten Arbeitsfläche jeweils zu einem Quadrat von ca. 30 x 30 cm aus.

3. Lege ein Quadrat auf ein mit Backpapier belegtes Backblech und bestreiche es mit Honig. Anschließend legst du das zweite Quadrat oben drauf. Backe den Teig im Ofen 20 Minuten/ 180°C Ober-/Unterhitze.

4. Nimm das fertige Gebäck aus dem Backofen und ziehe die Teigplatten inklusive Backpapier vom Blech herunter. Drücke mit Hilfe eines Kuchengitters ein Karomuster in den noch heißen Mürbeteig.

5. Lass die Teigplatten dann erkalten und schneide sie anschließend in Stücke. Bestäube die Waffeln vor dem Servieren mit Puderzucker.

WEIHNACHTS-LECKEREIEN AUS ALLER WELT

„Was ist ein Keks unterm Weihnachtsbaum?
Ein schattiges Plätzchen.„

ca. 20 Stück　 45 Min.　 leicht

RONDJES

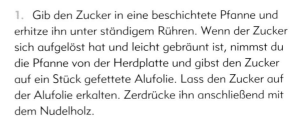

Zubereitungszeit: 15 Minuten
Backzeit: 10 Minuten pro Blech,
**　180°C Ober-/Unterhitze**
Backutensilien: Alufolie,
**　3 Backbleche**
Zutaten für ca. 20 Stück

50 g Zucker
175 g Butter, weich, in Stücken
75 g brauner Zucker
1 TL Zuckerrübensirup
1 EL Wasser
120 g Mehl, Type 405

1.　Gib den Zucker in eine beschichtete Pfanne und erhitze ihn unter ständigem Rühren. Wenn der Zucker sich aufgelöst hat und leicht gebräunt ist, nimmst du die Pfanne von der Herdplatte und gibst den Zucker auf ein Stück gefettete Alufolie. Lass den Zucker auf der Alufolie erkalten. Zerdrücke ihn anschließend mit dem Nudelholz.

2.　Heize den Backofen auf 180°C Ober-/Unterhitze vor. Nun gibst du die Butter, braunen Zucker, Zucker-rübensirup und Wasser in den Mixtopf und verrührst die Zutaten 30 Sekunden/ Stufe 3. Ergänze die Mischung mit dem Mehl und dem zerdrückten Zucker und verrühre alles nochmals 30 Sekunden/ Stufe 3.

3.　Lege 3 Backbleche mit Backpapier aus und verteile den Teig mit Hilfe von 2 Teelöffeln in Häufchen auf den Blechen. Achte darauf, dass du genügend Abstand zwischen den Häufchen lässt. Backe die Rondjes nacheinander jeweils 10 Minuten/ 180°C Ober-/ Unterhitze auf mittlerer Schiene.

4.　Nach dem Ende der Backzeit lässt du die Plätzchen auf den Blechen erkalten.

ca. 40 Stück | 12 h 31 Min. | leicht

BELGISCHE KARAMELLKEKSE

Zubereitungszeit: 15 Minuten
Ruhezeit: 12 Stunden
Backzeit: 8 Minuten pro Blech,
  190°C Ober-/Unterhitze
Backutensilien: 1 Kreisaus-
  stecher, ø 4,5 cm,
  2 Backbleche
Zutaten für ca. 40 Stück

1 Bio-Orange
170 g Karamellsirup
100 g Butter, weich, in Stücken
1 Prise Salz
½ TL Zimtpulver
1 TL Vanillezucker
225 g Mehl, Type 405
1 TL Backpulver
brauner Zucker zum Bestreuen

1. Wasche zunächst die Orange heiß ab und reibe die Schale mit einer feinen Reibe in den Mixtopf. Füge den Karamellsirup, Butter, Salz, Zimt und Vanillezucker hinzu und verrühre die Zutaten 30 Sekunden/ Stufe 3. Ergänze die Zutaten mit dem Mehl und dem Backpulver und rühre den Teig nochmals 1 Minute/ Stufe 3 durch.

2. Nimm den Teig anschließend aus dem Mixtopf und knete ihn noch einmal per Hand durch. Forme den Teig zu einer Kugel und wickle diese in Frischhaltefolie ein. Stelle den Teig über Nacht kalt.

3. Lege am nächsten Tag zwei Backbleche mit Backpapier aus und heize den Backofen auf 190°C Ober-/ Unterhitze vor.

4. Nimm den Teig aus dem Kühlschrank und rolle ihn auf einer bemehlten Arbeitsfläche dünn aus. Steche mit einem Ausstecher Kreise aus dem Teig aus.

5. Verteile die Kreise auf den Blechen und drücke nach Belieben mit einer Gabel Muster auf die Kekse. Bestreue die Taler anschließend mit braunem Zucker. Backe die Keksbleche nacheinander jeweils 8 Minuten/ 190°C Ober-/Unterhitze im Ofen.

mixtipp
Wer es noch weihnachtlicher mag, bestreut die Kekse anstelle von braunem Zucker mit Zimtzucker.

1 Backblech | 60-62 Min. | leicht

PANELLETS –
SPANISCHE KARTOFFEL-MANDEL-KEKSE

Zubereitungszeit: 40 Minuten
Ruhezeit: 10 Minuten
Backzeit: 10-12 Minuten,
  170°C Ober-/Unterhitze
Backutensilien: 1 Backblech
Zutaten für etwa 1 Blech

---

180 g Zucker

---

250 g Mandeln, geschält

---

500 g Wasser

---

100 g kleine Kartoffeln, mehlig
kochend, ungeschält

½ Vanilleschote

---

1 Ei, Größe M

½ TL Zitronenschalenabrieb

---

etwas Milch zum Bestreichen

---

70 g Himbeerkonfitüre ohne
Kerne

---

etwas Puderzucker
zum Bestäuben

---

1. Als Erstes pulverisierst du den Zucker im Mixtopf 10 Sekunden/ Stufe 10. Warte 1 Minute bevor du den Deckel öffnest, da der Zucker sehr staubt und fülle den Puderzucker in eine Schale um.

2. Zerkleinere dann die Mandeln im Mixtopf 10 Sekunden/ Stufe 7 und fülle diese in eine separate Schale um. Reinige den Mixtopf gründlich.

3. Gieße nun das Wasser in den Mixtopf und setze das Garkörbchen ein. Wasche die Kartoffeln und lege sie ungeschält in das Garkörbchen. Koche die Kartoffeln darin 25 Minuten/ Varoma/ Stufe 1.

4. Nimm nach der Garzeit das Garkörbchen mit Hilfe des Spatels ab, gieße das Wasser aus und lass die Kartoffeln 10 Minuten abkühlen. Schäle dann die noch heißen Kartoffeln und püriere sie im Mixtopf 1 Minute/ Stufe 5.

5. Heize den Backofen auf 170°C Ober-/Unterhitze vor.

6. Schneide als Nächstes die Vanilleschotenhälfte mit einem Messer der Länge nach ein und kratze mit einem Löffel das Mark aus der Vanilleschote. Gib dieses mit den zerkleinerten Mandeln, Puderzucker, Ei und Zitronenschalenabrieb in den Mixtopf dazu und verrühre alle Zutaten 1 Minute/ Stufe 4 zu einem Teig.

7. Forme mit feuchten Händen aus dem Teig gleichgroße Kugeln und lege diese auf ein mit Backpapier ausgelegtes Backblech. Mit dem Zeigefinger oder mit einem Kochlöffelende drückst du in die Mitte der Kugeln eine kleine Mulde.

8. Die Kugeln bestreichst du dann mithilfe eines Pinsels mit etwas Milch und sparst dabei die Vertiefungen aus. Befülle die Vertiefungen mit der Himbeerkonfitüre und backe die Panellets im vorgeheizten Backofen 10-12 Minuten/ 170°C Ober-/Unterhitze aus.

9. Lass die Panellets abkühlen und bestäube sie nach Belieben mit Puderzucker.

mixtipp
Du solltest die Panellets im Kühlschrank aufbewahren, sie sind dort 3-4 Tage haltbar.

mixtipp
Die Panellets schmecken vorzüglich, wenn sie noch warm sind.

20 Stück | 39-51 Min. | leicht

ESQUECIDOS

Zubereitungszeit: 15 Minuten
Backzeit: 12 Minuten pro Blech,
180°C Ober-/Unterhitze
Backutensilien: 2-3 Backbleche,
Spritzbeutel oder Gefrierbeutel,
Kuchengitter
Zutaten für 20 Stück

---

4 Eier, Größe M

---

220 g Zucker

---

1 Prise Salz

---

2 Msp. Vanillemark

---

abgeriebene Schale
von ½ Bio-Orange

---

250 g Mehl, Type 405

---

1 Msp. Anis

---

1. Schlage die Eier 10 Sekunden/ Stufe 4 auf. Füge Zucker, Salz, Vanillemark und die abgeriebene Schale der gewaschenen Orange hinzu und vermische die Zutaten 1,5 Minuten/ Stufe 3. Heize nun schon einmal den Ofen auf 180°C Ober-/Unterhitze vor.

2. Vermische Mehl und Anispulver miteinander und gib die Mischung zu der Creme im Mixtopf. Rühre alles 2 Minuten/ Teigknetstufe zu einem Teig.

3. Belege 2-3 Backbleche mit Backpapier. Fülle den fertigen Teig in eine Spritztülle oder einen Gefrierbeutel, bei dem du die unterste Spitze abschneidest.

4. Forme auf den Backblechen etwa handtellergroße Teigkleckse, auf jedes Backblech passen ca. 6-9.

5. Backe die Backbleche nacheinander jeweils 12 Minuten/ 180°C Ober-/Unterhitze auf mittlerer Schiene.

6. Abschließend lässt du die Kekse auf einem Kuchengitter gut auskühlen.

mixtipp

Sehr lecker werden die Plätzchen, wenn sie vor dem Backen mit Mandelblättchen bestreut werden.

ca. 30 Stück   23 Min.   leicht

WIENER KOLATSCHEN

Zubereitungszeit: 10 Minuten
Backzeit: 13 Minuten,
 200°C Ober-/Unterhitze
Backutensilien: 1 Backblech
Zutaten für ca. 30 Stück

---

125 g Butter, weich, in Stücken

---

100 g Zucker

---

1 Päckchen Vanillezucker

---

1 Ei, Größe M

---

1 Eigelb, Größe M

---

250 g Mehl, Type 405

---

1 TL Backpulver

---

1 Fläschchen Zitronenaroma

---

1 Eiweiß, Größe M

---

1 Prise Salz

---

5 g Zucker

Dekoration deiner Wahl

1. Heize zuerst den Backofen auf 200°C Ober-/Unterhitze vor. Verrühre dann die Butter samt Zucker und Vanillezucker im Mixtopf 2 Minuten/ Stufe 5.

2. Anschließend gibst du das Ei und das Eigelb hinzu und verquirlst beides 1 Minute/ Stufe 5 mit der Buttercreme.

3. Siebe das Mehl und das Backpulver in den Mixtopf zu den anderen Zutaten und rühre beides zusammen mit dem Zitronenaroma 2 Minuten/ Stufe 3 unter den Teig.

4. Forme mithilfe zweier Teelöffel walnussgroße Häufchen aus dem Teig, die du auf ein mit Backpapier ausgelegtes Backblech legst. Reinige den Mixtopf gründlich und trockne ihn ab. Er muss völlig fettfrei sein.

5. Schlage nun das verbliebene Eiweiß mit einer Prise Salz und dem Zucker im fettfreien Mixtopf 4 Minuten/ Stufe 4 mithilfe des Schmetterlings zu Eischnee.

6. Gib auf jeden Teigklecks eine Eischneehaube und backe die Plätzchen 13 Minuten/ 200°C Ober-/Unterhitze. Nimm sie abschließend von dem Blech und lass sie komplett auskühlen. Du kannst sie nach deinem Belieben verzieren.

mixtipp

Weniger ist manchmal mehr.
Diese Plätzchen sehen schon
so appetitlich aus, dass
wir auf eine zusätzliche
Dekoration verzichtet
haben.

1 Backblech | 1 h 45-50 Min. | mittel

BIBERLE

Zubereitungszeit: 30 Minuten
Ruhezeit: 60 Minuten
Backzeit: 15-20 Minuten,
  180°C Ober-/Unterhitze
Backutensilien: 1 Backblech
Zutaten für 1 Blech

Für die Marzipanfüllung:

200 g Zucker

300 g Mandeln, geschält

4 Tropfen Bittermandelaroma

20 g Kondensmilch

1 Ei, Größe M

Für den Teig:

2 Eier, Größe M

130 g Zucker

150 g Honig

1 Packung Weihnachtsaroma,
z.B. Finesse von Dr. Oetker

500 g Weizenmehl, Type 405

10 g Backpulver

1 Eigelb, Größe M, zum
Bestreichen

125 g Mandeln, ungeschält,
zum Dekorieren

1. Pulverisiere für die Marzipanfüllung als Erstes den Zucker 10 Sekunden/ Stufe 10. Da der Zucker sehr staubt, warte 1 Minute bevor du den Deckel öffnest und fülle den Puderzucker in eine Schale um.

2. Als Nächstes zermahlst du die Mandeln im Mixtopf 10 Sekunden/ Stufe 7 und gibst den Puderzucker wieder in den Mixtopf hinzu. Vermische beides 10 Sekunden/ Stufe 2 und füge Bittermandelaroma, Kondensmilch und das Ei hinzu. Verrühre alle Zutaten 1 Minute/ Stufe 3 zu einer Masse.

3. Forme aus der Masse 9 etwa 9 cm lange, fingerdicke Rollen und stelle diese für 30 Minuten in den Kühlschrank.

4. Währenddessen verrührst du für den Teig Eier, Zucker und den Honig im Mixtopf 1 Minute/ Stufe 4 und lässt dabei das Weihnachtsaroma einrieseln.

5. Mische das Mehl mit dem Backpulver und gib die Mischung in den Mixtopf. Rühre diese 2 Minuten/ Stufe 4 unter und lege den Teig anschließend auf eine mit Mehl bestäubte Arbeitsfläche.

6. Knete nun mit bemehlten Händen den Teig noch einmal durch und rolle ihn zu einem Rechteck aus. Schneide das Rechteck anschließend in 9 gleichgroße Rechtecke.

7. Verteile nun die Marzipanrollen auf die Teigrechtecke und rolle sie jeweils fest in den Teig ein. Stelle die gefüllten Rollen 30 Minuten in den Kühlschrank.

8. Nach der Kühlzeit heizt du den Backofen auf 180°C Ober-/Unterhitze vor und schneidest die Rollen mit einem scharfen Messer in etwa 2 cm breite Stücke, die du dann auf ein mit Backpapier ausgelegtes Backblech legst.

9. Bestreiche das Gebäck mit Hilfe eines Pinsels in der Mitte mit etwas Eigelb und dekoriere die Stelle mit den Mandeln. Backe das Gebäck anschließend im vorgeheizten Backofen 15-20 Minuten/ 180°C Ober-/Unterhitze goldbraun aus. Lass die Biberle nach dem Backen auf einem Kuchenrost abkühlen.

ca. 40 Stück | 1 h 44-50 Min. | leicht

SÜDTIROLER
GEWÜRZPLÄTZCHEN

Zubereitungszeit: 20 Minuten
Ruhezeit: 1 Stunde
Backzeit: 12-15 Minuten,
  180°C Ober-/Unterhitze
Backutensilien: 2 Backbleche,
  Kuchengitter
Zutaten für ca. 40 Stück

Für den Teig:

150 g Butter, weich, in Stücken
120 g Zucker
2 Eier, Größe M
2 geh. TL Zimtpulver
½ TL Nelkenpulver
1 Msp. Muskat
½ TL Kardamom
abgeriebene Schale von 1 Bio-Zitrone
150 g Mehl, Type 405
125 g gemahlene Mandeln
100 g Semmelbrösel

Für die Glasur:

200 g Zucker
75 g Zitronensaft

1. Als Erstes rührst du die Butter mit dem Zucker 2 Minuten/ Stufe 3 schaumig. Dann gibst du nacheinander die Eier dazu und vermengst die Zutaten weitere 2 Minuten/ Stufe 3.

2. Füge anschließend Zimt, Nelkenpulver, Muskat, Kardamom, Zitronenschalenabrieb, Mehl, gemahlene Mandeln und Semmelbrösel hinzu und knete 3 Minuten/ Teigknetstufe einen geschmeidigen Teig.

3. Forme den Teig zu einer Kugel, die du mit Klarsichtfolie umwickelst, und lass sie für mindestens eine Stunde im Kühlschrank ruhen.

4. Danach heizt du den Backofen auf 180°C Ober-/Unterhitze vor und legst ein Backblech mit Backpapier aus.

5. Rolle nun den Teig dünn auf einer bemehlten Arbeitsfläche aus und schneide nach Belieben Rechtecke oder andere dir beliebige Formen aus. Verteile diese auf dem Backblech und backe die Plätzchen nacheinander 12-15 Minuten/ 180°C Ober-/Unterhitze.

6. Während die Plätzchen auf einem Kuchengitter abkühlen, pulverisierst du für den Guss 200 g Zucker 10 Sekunden/ Stufe 10 zu Puderzucker. Warte 1 Minute bevor du den Deckel öffnest, da der Zucker sehr staubt. Verrühre ihn in einem separaten Schälchen mit dem Zitronensaft und bestreiche hiermit die Plätzchen. Dekoriere sie nach Lust und Laune mit Zimtpulver, Zuckerperlen oder kandierten Früchten.

ca. 40 Stück | 1 h 40 Min. | leicht

ENGLISCHE WÜRZIGE
INGWERPLÄTZCHEN

Zubereitungszeit: 20 Minuten
Ruhezeit: 60 Minuten
Backzeit: 10 Minuten pro Blech,
   200°C Ober-/Unterhitze
Backutensilien: 2 Backbleche,
   Kuchengitter
Zutaten für ca. 40 Stück

---

100 g Butter, weich, in Stücken

---

150 g brauner Zucker

---

1 Ei, Größe M

---

1 Prise Salz

---

3 TL frisch geriebene
Ingwerwurzel

---

1 TL Zitronenschalenabrieb

---

300 g Mehl

---

1 TL Backpulver

Für die Dekoration:

---

50 g kandierter Ingwer

---

100 g Schokolade, halbbitter,
in Stücken

---

1. Setze den Schmetterling auf das Messer und fülle Butter, Zucker und Ei in den Mixtopf. Schlage die Zutaten 2 Minuten/ Stufe 3 schaumig und entferne anschließend den Schmetterling.

2. Füge Salz, Ingwer und die Zitronenschale hinzu und verrühre den Teig 30 Sekunden/ Stufe 3.

3. Gib Mehl und Backpulver hinzu und knete den Teig 3 Minuten/ Teigknetstufe. Den krümeligen Teig streust du auf ein Stück Frischhaltefolie und formst mithilfe der Folie Rollen mit einem Durchmesser von 5 cm daraus. Die eingewickelten Teigrollen legst du eine Stunde in den Kühlschrank. Jetzt kannst du dich erst einmal entspannen.

4. Heize den Backofen auf 200°C Ober-/Unterhitze vor und belege zwei Backbleche mit Backpapier.

5. Hole die gekühlten Teigrollen aus dem Kühlschrank und schneide mit einem scharfen Messer mit Wellenschnitt ca. ½ cm breite Scheiben aus den Rollen. Lege die Teigstücke auf die Bleche und backe diese jeweils nacheinander 10 Minuten/ 200°C Ober-/Unterhitze.

6. Nimm das fertige Gebäck aus dem Ofen und lass es auf einem Kuchengitter abkühlen.

7. Währenddessen zerkleinerst du den kandierten Ingwer im gereinigten Mixtopf 10 Sekunden/ Stufe 5. Fülle den Ingwer in eine kleine Schale und stelle ihn zur Seite.

8. Anschließend teilst du die Schokolade in Stücke, zerkleinerst sie im Mixtopf 10 Sekunden/ Stufe 6 und lässt sie 5 Minuten/ 50°C/ Stufe 2 schmelzen.

9. Zum Schluss bestreichst du die Plätzchen mit der Schokolade und garnierst sie mit den Ingwerstückchen.

ca. 30 Stück | 1 h 20 Min. | leicht

SHORTBREAD
AUS SCHOTTLAND

Zubereitungszeit: 30 Minuten
Ruhezeit: 20 Minuten
Backzeit: 30 Minuten,
160°C Ober-/Unterhitze
Backutensilien: 1 Backblech
Zutaten für ca. 30 Stück

---

100 g Butter, weich, in Stücken

---

50 g Zucker

---

1 Prise Salz

---

20 g Marzipan-Rohmasse

---

200 g Mehl

Puderzucker zum Bestreuen

---

1. Als Erstes gibst du Butter, Zucker, Salz, Marzipan und Mehl in den Mixtopf und verknetest alles 3 Minuten/ Teigknetstufe. Du erhältst einen krümeligen Teig. Diesen streust du auf ein Stück Frischhaltefolie und formst ihn mithilfe der Folie zu einer Kugel. Die eingewickelte Teigkugel legst du 20 Minuten in den Kühlschrank.

2. Heize den Backofen auf 160°C Ober-/Unterhitze vor.

3. Rolle den gekühlten Teig auf einer bemehlten Arbeitsfläche zum Rechteck (1½ cm dick) aus. Schneide daraus 2-6 cm große Dreiecke und lege sie auf das mit Backpapier ausgelegte Backblech.

4. Steche mit einer Gabel ein Muster in die Teigstücke und backe sie unter Beobachtung 30 Minuten/ 160°C Ober-/Unterhitze. Das Gebäck darf ein bisschen braun werden.

5. Nimm das Shortbread aus dem Ofen, bestreue es mit Puderzucker und lass es auskühlen.

1 Backblech | 4 h 42 Min. | mittel

ISCHLER
MANDELSCHNITTEN

Zubereitungszeit: 30 Minuten
Ruhezeit: 4 Stunden
Backzeit: 12 Minuten,
  180°C Ober-/Unterhitze
Backutensilien: 1 Backblech
Zutaten für 1 Blech

---

180 g Mandeln

---

1 Bio-Zitrone

---

200 g Butter, weich, in Stücken

---

120 g Zucker

---

1 Eigelb, Größe M

---

270 g Weizenmehl, Type 405

---

150 g Zartbitterkuvertüre,
in Stücken

---

200 g Himbeerkonfitüre

---

100 g Mandelhälften zum
Verzieren, geschält

mixtipp
Zum Entfernen der Schale lege die Mandeln eine Stunde in heißes Wasser.

1. Für den Teig zerkleinerst du die Mandeln im Mixtopf 10 Sekunden/ Stufe 7 und füllst sie in eine separate Schale um.

2. Wasche die Zitrone unter warmem Wasser, trockne sie und reibe mit einer feinen Reibe die Hälfte der Zitronenschale in den Mixtopf. Füge dann auch Butter, Zucker und Eigelb hinzu und verrühre die Zutaten 1 Minute/ Stufe 3.

3. Als Nächstes gibst du das Mehl und die zerkleinerten Mandeln dazu und rührst beides mit Hilfe des Spatels 30 Sekunden/ Stufe 4 unter. Schiebe dann mit dem Spatel die Teigreste nach unten und verrühre den Teig erneut mit Hilfe des Spatels 20 Sekunden/ Stufe 5.

4. Forme aus dem Teig eine Kugel, wickle diese in Frischhaltefolie und lege sie für 4 Stunden in den Kühlschrank.

5. Nach der Ruhezeit rollst du den Teig auf dem Backpapierbogen aus. Am besten geht das, wenn du den Teig mit Frischhaltefolie bedeckst und ihn dann ausrollst. Die Frischhaltefolie verhindert, dass der Teig an der Teigrolle haften bleibt.

6. Heize den Backofen auf 180°C Ober-/Unterhitze vor und schneide den Teig mit Hilfe eines Messers in etwa 4 x 2 cm große Rechtecke. Backe die Schnitten dann im vorgeheizten Backofen 12 Minuten/ 180°C Ober-/Unterhitze aus.

7. Reinige währenddessen den Mixtopf gründlich und erhitze darin die Himbeerkonfitüre 2 Minuten/ 60°C/ Stufe 2, bis sie flüssig ist. Siebe die flüssige Himbeerkonfitüre durch ein feines Sieb und bestreiche damit nach dem Backen die Hälfte der noch heißen, ausgebackenen Schnitten. Mit der anderen Hälfte der Schnitten belegst du die bestrichenen Schnitten und lässt sie auf einem Kuchengitter auskühlen.

8. Reinige den Mixtopf gründlich.

9. Nun zerkleinerst du die Zartbitterkuvertüre im Mixtopf 8 Sekunden/ Stufe 8, schiebst die Stücke mit dem Spatel nach unten und schmilzt die Kuvertüre dann 5 Minuten/ 45°C/ Stufe 1.

10. Bestreiche die ausgekühlten Schnitten mit der Kuvertüre und belege sie jeweils mit einer Mandelhälfte.

ca. 40 Stück | 1 h 45 Min. | leicht

KOURABIÉDES

Zubereitungszeit: 30 Minuten
Ruhezeit: 1 Stunde
Backzeit: 15 Minuten,
  180°C Ober-/Unterhitze
Backutensilien: 1 Backblech
Zutaten für ca. 40 Stück

---

200 g Butter, weich, in Stücken

---

1 Päckchen Vanillezucker

---

150 g Zucker

---

10 g Ouzo

---

2 Eier, Größe M

---

1 Prise Salz

---

375 g Mehl, Type 405

---

125 g gemahlene Mandeln

---

50 g Orangenblütenwasser

---

200 g Puderzucker

mixtipp
Gerade keinen Ouzo zur Hand? Ersetze ihn einfach durch anderen anishaltigen Schnaps, z.B. Sambuca oder Pernod.

1. Rühre Butter, Vanillezucker und Zucker im Mixtopf 2 Minuten/ Stufe 5 schaumig.

2. Füge Ouzo, Eier und Salz hinzu und vermenge die Mischung 1 Minute/ Stufe 5 mit der Butter-Zucker-Mischung.

3. Siebe das Mehl in den Mixtopf, ergänze alles mit den gemahlenen Mandeln und vermische die Zutaten 2 Minuten/ Stufe 3 zu einem Teig.

4. Knete den Teig noch einmal per Hand durch und wickle ihn in Frischhaltefolie ein. Stelle den Teig 1 Stunde zum Kühlen in den Kühlschrank.

5. Heize den Backofen auf 180°C Ober-/Unterhitze vor. Fette ein Stück Backpapier ein und lege es auf ein Backblech.

6. Forme mithilfe von 2 Teelöffeln walnussgroße Häufchen aus dem Teig und verteile sie auf dem Backblech.

7. Backe die Kourabiédes 15 Minuten bei 180°C Ober-/Unterhitze auf mittlerer Schiene, bis sie etwas bräunlich sind und nimm sie dann aus dem Ofen.

8. Bestreiche die Kekse mit Orangenblütenwasser und wälze sie in Puderzucker. Lass sie anschließend völlig auskühlen.

2
Backbleche

2 h
50-60 Min.

leicht

HOLLÄNDISCHE KEKSE

Zubereitungszeit: 30 Minuten
Ruhezeit: 2 Stunden
Backzeit: 10-15 Minuten pro
  Blech, 180°C Ober-/Unterhitze
Backutensilien: 1 Teigschneider
  mit Wellenklinge, 2 Backbleche
Zutaten für 2 Bleche

150 g Butter, weich, in Stücken

125 g Zucker

1 Päckchen Vanillezucker

1 Ei, Größe M

1 Prise Salz

4 Tropfen Zitronenaroma

275 g Weizenmehl, Type 405

½ TL Backpulver

etwas Mehl für die Arbeitsfläche

1 Eigelb, Größe M,
zum Bestreichen

1 EL Wasser

50 g Mandelblättchen

1. Verrühre für den Teig als Erstes Butter, Zucker und Vanillezucker 1 Minute/ Stufe 3.

2. Füge dann Ei, Salz und Zitronenaroma hinzu und verrühre alles erneut 30 Sekunden/ Stufe 3.

3. Vermische das Mehl mit dem Backpulver und gib die Mischung in den Mixtopf dazu. Verrühre alle Zutaten 2 Minuten/ Teigknetstufe.

4. Heize den Backofen auf 180°C Ober-/Unterhitze vor und lege die 2 Backbleche mit Backpapier aus.

5. Rolle den Teig auf einer bemehlten Arbeitsfläche dünn aus und schneide ihn mit einem Teigmesser in 5 x 5 cm große Quadrate. Verteile die Quadrate auf die mit Backpapier ausgelegten Backbleche und achte dabei darauf, dass zwischen den Quadraten immer 2 cm Abstand bleibt, da der Teig während des Backens noch aufgeht.

6. Als Nächstes verrührst du das Eigelb mit dem Wasser in einer Schale und bepinselst damit die Kekse. Verziere die Ecken der Kekse mit einem Mandelblättchen und backe die Kekse im vorgeheizten Backofen nacheinander 10-15 Minuten/ 180°C Ober-/Unterhitze aus.

7. Lass sie nach dem Backen auf einem Rost abkühlen.

mixtipp
Wenn dir der Geschmack der Butter zu intensiv ist, verwende Margarine, die geschmacksneutraler ist.

mixtipp
Die Plätzchen lassen sich am besten mit dem Wellenmesser oder Teigschneider schneiden.

2 Backbleche | 55-65 Min. | mittel

TIROLER STANGERL

Zubereitungszeit: 15 Minuten
Backzeit: 20-25 Minuten pro
Blech, 120°C Ober-/Unterhitze
Backutensilien: 1 Spritzbeutel
mit großer Sterntülle,
2 Backbleche
Zutaten für 2 Bleche

---

100 g Zartbitterkuvertüre,
in Stücken

---

100 g Haselnüsse

---

180 g Butter, weich, in Stücken

---

120 g Zucker

---

1 Päckchen Vanillezucker

---

10 g Rum

---

2 Eigelb, Größe M

---

100 g Weizenmehl, Type 405

---

150 g Preiselbeermarmelade

---

150 g Vollmilchkuvertüre
zum Verzieren, in Stücken

---

1. Zerkleinere als Erstes die Kuvertüre im Mixtopf 8 Sekunden/ Stufe 8 und fülle sie in eine Schale.

2. Als Nächstes zerkleinerst du die Haselnüsse im Mixtopf 10 Sekunden/ Stufe 7 und füllst auch diese in eine separate Schale.

3. Verrühre nun Butter, Zucker, Vanillezucker und Rum im Mixtopf 2 Minuten/ Stufe 4 und gib vor Ablauf der letzten Minute die Eigelbe durch die Deckelöffnung dazu.

4. Füge dann Mehl, zerkleinerte Schokolade und die zerkleinerten Haselnüsse hinzu und verrühre alle Zutaten 3 Minuten/ Stufe 4 zu einem Teig.

5. Heize den Backofen auf 120°C Ober-/Unterhitze vor und lege die 2 Backbleche mit Backpapier aus.

6. Fülle den Teig in einen Spritzbeutel mit Sterntülle und spritze etwa 6 cm lange Stangen auf die mit Backpapier ausgelegten Backbleche. Backe die Teigstangen jeweils 20-25 Minuten/ 120°C Ober-/Unterhitze aus.

7. Spüle währenddessen den Mixtopf gründlich. Nach dem Backen lässt du die Stangen auf einem Rost abkühlen. Bestreiche anschließend immer eine Stange mit Preiselbeermarmelade und bedecke diese mit einer weiteren Stange.

8. Anschließend zerkleinerst du für die Verzierung der Stangen die Kuvertüre im Mixtopf 8 Sekunden/ Stufe 8 und schmilzt die Schokolade 2 Minuten/ 100°C/ Stufe 2. Fülle die geschmolzene Schokolade dann am besten in eine Tasse und tunke die Enden der gefüllten Stangen hinein. Lege die verzierten Stangen zum Abkühlen auf ein Rost.

1 Stollen

1 h
25 Min.

mittel

TOPFENSTOLLEN

Zubereitungszeit: 10 Minuten
Ruhezeit: 15 Minuten
Backzeit: 60 Minuten,
  175°C Ober-/Unterhitze
Backutensilien: 1 Backblech
Zutaten für 1 Stollen

---

100 g Rosinen

---

60 g Mandeln, geschält

---

30 g Orangeat

---

30 g Zitronat

---

4 EL Rum

---

100 g Butter, weich, in Stücken

---

100 g Zucker

---

1 Bio-Zitrone

---

1 Ei, Größe M

½ TL Zimt

---

1 Msp. Kardamom

---

125 g Quark, 20% Fettgehalt

---

250 g Weizenmehl, Type 405

---

10 g Backpulver

---

1. Zerkleinere Rosinen, Mandeln, Orangeat und Zitronat im Mixtopf 10 Sekunden/ Stufe 5 und fülle die Mischung in eine Schale mit dem Rum. Lass die Mischung darin mindestens 15 Minuten ziehen.

2. Heize den Backofen auf 175°C Ober-/Unterhitze vor.

3. Verrühre die Butter mit dem Zucker im Mixtopf 1 Minute/ Stufe 4.

4. Als Nächstes wäschst du unter warmem Wasser die Zitrone, trocknest sie ab und reibst mit einer feinen Reibe die Schale der halben Zitrone in den Mixtopf.

5. Füge dann auch das Ei, Zimt, Kardamom und Quark hinzu und verrühre alle Zutaten 1 Minute/ Stufe 3.

6. Anschließend verrührst du das Mehl mit dem Backpulver und gibst die Mischung in den Mixtopf dazu. Verrühre alles erneut 2 Minuten/ Teigknetstufe und gib dabei nach und nach die in Rum eingelegte Mischung inklusive Rum durch die Deckelöffnung hinzu.

7. Forme nun mit bemehlten Händen aus dem Teig einen Stollen und lege diesen auf ein mit Backpapier ausgelegtes Backblech. Backe den Stollen im vorgeheizten Backofen 60 Minuten/ 175°C Ober-/Unterhitze aus.

mixtipp
Wer nicht so gerne Rum mag, kann diesen z.B. durch Amaretto ersetzen.

MODERNE
BACKKREATIONEN

„ Hast du eine Ahnung
wo die Kekse hingekommen sind?"
„Die Fokoladenkekse? Nein, kein Fimmer! "

6-8 Portionen | 15-20 Min. | leicht

ZIMTWAFFELN

Zubereitungszeit: 15-20 Minuten
Backutensilien: Waffeleisen
Zutaten für 6-8 Portionen

4 Eier, Größe M

1 Prise Salz

125 g Butter, weich, in Stücken

125 g Zucker

8 g Zimtpulver

100 g Weizenmehl, Type 405

mixtipp
Die Zimtwaffeln schmecken besonders lecker, wenn du sie mit etwas geschlagener Sahne und Preiselbeeren servierst.

1. Trenne für den Zimtwaffelteig als Erstes 2 Eier und gib das Eiweiß mit 1 Prise Salz in den Mixtopf. Setze den Schmetterling auf die Klinge und schlage das Eiweiß 4 Minuten/ Stufe 4 zu Eischnee. Nimm den Schmetterling ab und fülle den Eischnee in eine separate Schale um. Stelle den Eischnee bis zu seiner Weiterverarbeitung in den Kühlschrank.

2. Reinige den Mixtopf gründlich.

3. Als Nächstes verrührst du im Mixtopf die 2 Eigelbe mit der Butter, 2 Eiern und dem Zucker 1 Minute/ Stufe 3. Füge dann den Zimt und das Mehl hinzu und verrühre alle Zutaten 2 Minuten/ Stufe 4.

4. Zu guter Letzt gibst du den Eischnee hinzu und rührst ihn 30 Sekunden/ Stufe 3 unter.

5. Backe den Zimtwaffelteig löffelweise, in einem mit Butter bestrichenen Waffeleisen, goldbraun aus.

mixtipp
Lecker schmecken sie auch, wenn du nach dem Backen Zucker und Zimt drüberstreust.

ca. 50 Stück | 1h 59 Min. | leicht

DINKEL-ORANGEN-KIPFERL

Zubereitungszeit: 25 Minuten
Ruhezeit: 1 Stunde
Backzeit: 17 Minuten pro Blech,
   180°C Ober-/Unterhitze
Backutensilien: 2 Backbleche
Zutaten für ca. 50 Stück

125 g Dinkelmehl, Type 630
50 g gemahlene Mandeln
1 Prise Salz
100 g Butter, weich, in Stücken
60 g Honig
abgeriebene Schale von ½ Bio-Orange
15 g Orangeat
30 g Puderzucker

1. Siebe das Mehl in den Mixtopf und gib Mandeln, Salz, Butter, Honig, abgeriebene Schale der abgewaschenen Bio-Orange und Orangeat dazu.

2. Vermenge die Zutaten 2 Minuten/ Stufe 3 zu einem recht festen Teig. Knete ihn noch einmal mit der Hand durch und wickle ihn anschließend in Frischhaltefolie ein. Kühle den Teig 1 Stunde im Kühlschrank.

3. Heize den Backofen schon einmal auf 180°C Ober-/Unterhitze vor und belege 2 Bleche mit Backpapier.

4. Verarbeite den Teig zu einer 3 cm dicken Rolle, aus der du Scheiben schneidest. Forme die Scheiben in die typische Vanillekipferlform, also Halbmonde, indem du die Teigscheiben zwischen deinen Handflächen rollst. Lege die Teigrollen dann zu Halbkreisen geformt auf die Backbleche.

5. Backe die Keksbleche nacheinander jeweils 17 Minuten/ 180°C Ober-/Unterhitze auf mittlerer Schiene.

mixtipp

Bestreue die Kipferl mit Puderzucker und verstaue sie in einer Blechdose. So hast du lange Freude an ihnen.

2
Backbleche

35 Min.

leicht

HAFERFLOCKEN-CASHEW-PLÄTZCHEN

Zubereitungszeit: 15 Minuten
Backzeit: 10 Minuten pro Blech,
    180°C Ober-/Unterhitze
Backutensilien: 2 Backbleche
Zutaten für 2 Bleche

---

150 g Cashewkerne, geröstet, gesalzen

---

200 g Butter, weich, in Stücken

---

200 g kernige Haferflocken

---

2 Eier, Größe M

---

180 g brauner Zucker

---

1 Päckchen Vanillezucker

---

1 TL Zimt

---

50 g Weizenmehl, Type 405

1. Für die Kekse zerkleinerst du als Erstes die Cashewkerne im Mixtopf 4 Sekunden/ Stufe 5 und füllst sie in eine Schale um.

2. Heize den Backofen auf 180°C Ober-/Unterhitze vor und lege 2 Backbleche mit Backpapier aus.

3. Schmelze nun die Butter im Mixtopf 2 Minuten/ 100°C/ Stufe 2 und füge die Haferflocken hinzu. Rühre die Haferflocken mit Hilfe des Spatels kurz in die Butter ein und lass sie dann 5 Minuten/ 90°C/ Linkslauf/ Stufe 1 in der Butter dünsten. Fülle die Butter-Haferflocken-Mischung anschließend in eine separate Schale.

4. Verrühre nun Eier, Zucker, Vanillezucker, Zimt und Mehl im Mixtopf 2 Minuten/ Stufe 4 und füge dann die Butter-Haferflockenmischung hinzu. Verrühre den Teig 30 Sekunden/ Stufe 3.

5. Gib die zerkleinerten Cashewkerne hinzu und verrühre den Teig erneut 4 Sekunden/ Stufe 3.

6. Verteile nun mit 2 Teelöffeln den Teig portionsweise auf die mit Backpapier ausgelegten Backbleche. Da die Kleckse sich beim Backen ausdehnen, lass zwischen diesen etwa 5 cm Abstand.

7. Backe die Kekse im vorgeheizten Backofen nacheinander 10 Minuten/ 180°C Ober-/Unterhitze aus.

mixtipp
Du kannst anstatt Cashewkernen auch Erdnüsse nehmen.

| 1 Backblech | 45 Min. | leicht |

AFTER EIGHT-HERZEN

Zubereitungszeit: 30 Minuten
Backzeit: 15 Minuten,
  180°C Ober-/Unterhitze
Backutensilien: 1 Backblech,
  1 herzförmige Ausstechform,
  Spritzbeutel mit dünner Tülle
Zutaten für ca. 1 Blech

---

100 g Minztäfelchen

---

50 g Zucker

---

125 g Butter, weich, in Stücken

---

1 Prise Salz

---

1 Ei, Größe M

---

230 g Weizenmehl, Type 405

---

5 g Backkakaopulver,
z.B. von Bensdorp

---

etwas Mehl für die Arbeitsfläche

---

150 g weiße Kuvertüre,
in Stücken

mixtipp
Du kannst die Herzen
natürlich auch mit Zuckerglasur
verzieren.

1. Zerkleinere als Erstes die Minztäfelchen 5 Sekunden/ Stufe 5 und fülle sie in eine separate Schale.

2. Pulverisiere den Zucker im Mixtopf 10 Sekunden/ Stufe 10. Da der Zucker sehr staubt, warte 1 Minute bevor du den Deckel öffnest und gib dann Butter, Salz und die zerkleinerten Minztäfelchen hinzu. Rühre die Zutaten 1 Minute/ Stufe 3 schaumig.

3. Rühre als Nächstes das Ei 30 Sekunden/ Stufe 3 ein und füge das Mehl und das Kakaopulver hinzu. Verrühre alle Zutaten 1 Minute/ Stufe 4.

4. Heize den Backofen auf 180°C Ober-/Unterhitze vor und lege 1 Backblech mit Backpapier aus.

5. Rolle nun den Teig auf einer mit Mehl bestäubten Arbeitsfläche dünn aus und steche mit einer herzförmigen Ausstechform Herzen aus dem Teig. Lege die Herzen auf das Backblech und backe sie 15 Minuten/ 180°C Ober/-Unterhitze aus. Reinige den Mixtopf gründlich.

6. Lass die Kekse anschließend auf einem Kuchenrost auskühlen.

7. Zerkleinere die Kuvertüre im Mixtopf 8 Sekunden/ Stufe 8 und schmelze sie dann 5 Minuten/ 45°C/ Stufe 1. Fülle die geschmolzene Schokolade in eine Spritztüte mit dünner Tülle oder Gefriertüte, bei der du eine Ecke abschneidest, und verziere damit gitterförmig die ausgekühlten Kekse.

ca. 40 Kugeln · 6 h 15 Min. · leicht

BAILEYSKUGELN

Zubereitungszeit: 15 Minuten
Ruhezeit: mindestens 6 Stunden
Zutaten für ca. 40 Kugeln

300 g Löffelbiskuits, halbiert

200 g weiße Schokolade,
in Stücken

60 g Sahne

120 g Baileys

1 Päckchen Vanillezucker

100 g Backkakaopulver,
z.B. von Bensdorp

1. Zerkleinere als Erstes die Hälfte der Löffelbiskuithälften im Mixtopf 5 Sekunden/ Stufe 8, fülle diese in eine Schale und wiederhole den Vorgang mit der anderen Hälfte der Löffelbiskuits. Fülle auch diese in die Schale um.

2. Als Nächstes zerkleinerst du die Schokolade im Mixtopf 8 Sekunden/ Stufe 8 und schiebst die Stücke mit dem Spatel nach unten. Schmelze nun die Schokolade 5 Minuten/ 45°C/ Stufe 1 und gieße in der letzten Minute die Sahne durch die Deckelöffnung dazu.

3. Anschließend fügst du Baileys, Vanillezucker und die zerkleinerten Löffelbiskuits hinzu und verrührst alles mit Hilfe des Spatels 1 Minute/ Stufe 3.

4. Fülle die Masse in eine Schale, bedecke diese mit Frischhaltefolie und stelle sie für mindesten 6 Stunden in den Kühlschrank.

5. Nach der Kühlzeit formst du mit den Händen Kugeln, die du dann in dem Kakaopulver wälzt.

mixtipp
Wenn du Kakao nicht so gerne magst, wälze die Kugeln in weißen Schokoraspeln oder Kokosflocken. Das schmeckt auch sehr lecker.

| 12 Muffins | 1 h | mittel |

BRATAPFEL-CUPCAKES

Zubereitungszeit: 35 Minuten
Backzeit: 25 Minuten,
  190°C Ober-/Unterhitze
Backutensilien: 12 Muffinförmchen aus Papier,
  1 Spritzbeutel mit Sterntülle
Zutaten für 12 Muffins

Für den Teig:

100 g Haselnüsse

200 g Äpfel, z.B. Braeburn

200 g Zucker

100 g Butter, weich, in Stücken

1 TL Zimt

1 Prise Salz

1 Vanilleschote

2 Eier, Größe M,
Zimmertemperatur

20 g Milch, 3,5% Fettgehalt

100 g Baileys

200 g Weizenmehl, Type 405

10 g Weinsteinbackpulver

Für das Topping:

1 Bio-Zitrone

3 Blatt Gelatine

200 g Äpfel, z.B. Braeburn

110 g Zucker

20 g Wasser

200 g Sahne, gekühlt

50 g Frischkäse,
Doppelrahmstufe

100 g Mandelblättchen

1. Für den Teig zermahlst du als Erstes die Haselnüsse im Mixtopf 10 Sekunden/ Stufe 7 und füllst sie in eine Schale um.

2. Wasche und schäle dann die Äpfel, entkerne sie und schneide sie in Würfel. Gib die Würfel mit 80 g Zucker in den Mixtopf und lass sie 2 Minuten/ 90°C/ Stufe 1 garen. Fülle die Apfelstücke anschließend zum Abkühlen in eine Schale um.

3. Als Nächstes verrührst du im Mixtopf Butter, 120 g Zucker, Zimt und Salz 1 Minute/ Stufe 3.

4. Schneide mit einem spitzen Messer die Vanilleschote längs ein und kratze mit einem Messer das Vanillemark heraus. Gib dieses zusammen mit Eiern, gemahlenen Haselnüssen, Milch und Baileys in den Mixtopf und verrühre die Zutaten 30 Sekunden/ Stufe 4.

5. Vermische das Mehl mit dem Weinsteinbackpulver, gib es in den Mixtopf und verrühre den Teig 1 Minute/ Stufe 3.

6. Rühre anschließend mit Hilfe des Spatels die karamellisierten Äpfel in den Teig ein und befülle damit die Muffinförmchen. Backe diese im vorgeheizten Backofen 25 Minuten/ 190°C Ober-/Unterhitze aus.

7. Bereite währenddessen das Topping zu. Dafür presst du als Erstes mit einer Saftpresse den Saft aus der Zitrone und stellst ihn beiseite.

8. Als Nächstes weichst du die Gelatine wie auf der Packung beschrieben in Wasser auf.

9. Schäle nun die Äpfel, entkerne sie und schneide sie in Würfel. Gib die Würfel mit 60 g Zucker und dem Wasser in den Mixtopf und lass sie darin 2 Minuten/ 90°C/ Stufe 1 karamellisieren. Anschließend pürierst du die Apfelstücke 10 Sekunden/ Stufe 8 und füllst das Apfelpüree zum Abkühlen in eine separate Schale. Reinige den Mixtopf gründlich.

10. Setze nun den Schmetterling auf die Klinge und schlage die Sahne mit 50 g Zucker im Mixtopf ohne Zeiteinstellung unter Beobachtung auf Stufe 3 steif.

11. Füge dann Frischkäse, Zitronensaft und das Apfelmus hinzu und verrühre alles 1 Minute/ Stufe 3.

12. Löse in einem kleinen Topf auf mittlerer Hitze die Gelatine auf und lass sie ohne Zeiteinstellung auf Stufe 2 durch die Deckelöffnung langsam in die Sahne-Frischkäse-Apfelmischung einfließen.

13. Lass die ausgebackenen Muffins nach dem Backen auskühlen. Fülle die Topping-Creme in einen Spritzbeutel und dekoriere damit tupfenweise die Muffins.

14. Röste in einer beschichteten Pfanne die Mandelblättchen auf mittlerer Hitze goldbraun an und lass sie 10 Minuten abkühlen. Streue zum Abschluss die gerösteten Mandelblättchen über die Muffins.

mixtipp
Für die alkoholfreie Variante ersetzt du den Baileys durch Milch.

12 Muffins 55 Min. leicht

GLÜHWEIN-CUPCAKES

Zubereitungszeit: 30 Minuten
Backzeit: 25 Minuten,
  190°C Ober-/Unterhitze
Backutensilien: 12 Muffinförm-
chen aus Papier, 1 Backblech,
  1 Spritzbeutel mit Sterntülle
Zutaten für 12 Muffins

Für den Teig:

80 g Zartbitterschokolade

120 g Butter, weich, in Stücken

130 g brauner Zucker

1 TL Lebkuchengewürz

1 Prise Salz

2 Päckchen Vanillezucker

1 Bio-Orange

3 Eier, Größe M

55 g Milch, 3,5% Fettgehalt

100 g Glühwein

40 g Backkakaopulver

250 g Weizenmehl, Type 405

5 g Backpulver

Für die Glühweincreme:

1 Bio-Orange

25 g Vanillepuddingpulver,
z.B. von Dr. Oetker

250 g Glühwein

100 g Zucker

200 g Butter, weich, in Stücken

60 g Frischkäse

1. Zerkleinere als Erstes die Schokolade 10 Sekunden/ Stufe 6 und fülle sie in eine separate Schale.

2. Heize den Backofen auf 190°C Ober-/Unterhitze vor und verteile die Muffinförmchen auf ein Backblech.

3. Für den Teig verrührst du nun Butter, Zucker, Lebkuchengewürz, Salz und Vanillezucker im Mixtopf 1 Minute/ Stufe 3.

4. Wasche die Orange unter warmem Wasser ab, trockne sie und reibe mit einer feinen Reibe die Orangenschale in den Mixtopf. Füge dann auch Eier, zerkleinerte Schokolade, Milch und Glühwein hinzu und verrühre die Zutaten 30 Sekunden/ Stufe 3.

5. Gib als Nächstes Kakaopulver, Mehl und Backpulver hinzu und verrühre alles 1 Minute/ Stufe 4 zu einem Teig. Diesen verteilst du dann auf die Muffinförmchen und backst sie im vorgeheizten Backofen 25 Minuten/ 190°C Ober-/Unterhitze aus.

6. Reinige den Mixtopf gründlich und bereite die Glühweincreme vor. Dafür presst du mit einer Saftpresse den Saft aus der Orange in eine Schale und verrührst diesen mit dem Puddingpulver. Gib die Orangensaft-Puddingpulvermischung mit Glühwein und 50 g Zucker in den Mixtopf und koche sie 5 Minuten/ 90°C/ Stufe 1 auf. Gieße anschließend den Glühweinpudding zum Erkalten in eine separate Schale und reinige den Mixtopf gründlich.

7. Als Nächstes pulverisierst du die restlichen 50 g Zucker im Mixtopf 10 Sekunden/ Stufe 10. Da der Zucker sehr staubt, warte 1 Minute bevor du den Deckel öffnest und gib Butter und Frischkäse hinzu. Verrühre die Zutaten dann 1 Minute/ Stufe 4 und füge den Glühweinpudding hinzu. Rühre ihn 1 Minute/ Stufe 2 in die Mischung ein und stelle die Glühweincreme bis zu ihrer Weiterverarbeitung in den Kühlschrank.

8. Wenn die Backzeit der Muffins beendet ist, lässt du sie auf einem Kuchenrost auskühlen.

9. Die kalten Muffins dekorierst du dann zu

guter Letzt mit der Glühweincreme. Dafür füllst du sie in einen Spritzbeutel mit Sterntülle und verzierst damit die Muffins nach Belieben.

mixtipp
Die Glühwein-Cupcakes entfalten am Tag nach ihrer Zubereitung ihr volles Aroma. Also bereitest du sie am besten einen Tag vorher zu.

mixtipp
Wenn du es schokoladiger magst, rührst du in die Glühweincreme noch Schokoraspeln ein.

2
Backbleche

6 h
50 Min.

leicht

HASELNUSSTALER

Zubereitungszeit: 30 Minuten
Ruhezeit: mindestens 6 Stunden
Backzeit: 10 Minuten pro Blech,
190°C Ober-/Unterhitze
Backutensilien: 2 Backbleche
Zutaten für 2 Bleche

---

250 g Haselnüsse, ganz

---

1 Bio-Zitrone

---

200 g Butter, weich, in Stücken

---

200 g brauner Zucker

---

1 Prise Salz

---

1 TL Zimt

---

1 Prise Kardamom

---

2 Eigelb, Größe M

---

20 g Milch

---

210 g Weizenmehl, Type 405

---

etwas Mehl für die Arbeitsfläche

---

1 EL Wasser

---

1. Zerkleinere als Erstes 150 g Haselnüsse im Mixtopf 10 Sekunden/ Stufe 7 und fülle sie in eine Schale.

2. Wasche unter warmem Wasser die Zitrone, trockne sie und reibe mit einer feinen Reibe die Schale in den Mixtopf.

3. Füge auch Butter, Zucker, Salz, Zimt und Kardamom in den Mixtopf hinzu und verrühre die Zutaten 2 Minuten/ Stufe 3.

4. Als Nächstes ergänzt du mit 1 Eigelb, den zerkleinerten Haselnüssen und der Milch und verrührst alles 30 Sekunden/ Stufe 4.

5. Gib jetzt das Mehl hinzu und rühre es 1 Minute/ Teigknetstufe unter den Teig.

6. Teile den Teig in zwei gleiche Teile und forme beide Teigstücke auf einem mit Mehl bestäubten Brett zu einer Rolle. Bedecke die Teigrollen mit Frischhaltefolie und stelle sie für 1 Stunde in den Kühlschrank.

7. Hacke die restlichen 100 g Haselnüsse im Mixtopf 5 Sekunden/ Stufe 5.

8. Vermische 1 Eigelb mit 1 EL Wasser in einer Schale, bestreiche damit die gekühlten Teigrollen und wälze diese anschließend in den gehackten Haselnüssen. Achte darauf, dass die Teigrollen rundum von den gehackten Haselnüssen bedeckt sind. Lege die Teigrollen dann wieder auf das Brett und bedecke sie mit Frischhaltefolie. Stelle sie für mindestens 6 Stunden in den Kühlschrank.

9. Nach der Kühlzeit legst du zwei Backbleche mit Backpapier aus und heizt den
Backofen auf 190°C Ober-/Unterhitze vor.

10. Schneide die Rollen in etwa 1 cm dicke
Scheiben und verteile diese auf die Backbleche. Achte dabei darauf, dass du immer

etwa 2 cm Abstand zwischen den Talern
lässt.

11. Backe die Taler nacheinander 10 Minu-
ten/ 190°C Ober-/Unterhitze aus und lass
sie anschließend auf einem Kuchengitter
abkühlen.

WEITERE TITEL DER MIXTIPP-REIHE

AUCH ALS E-BOOK ERHÄLTLICH

MIXtipp: Baby- und Kleinkinder-Rezepte

96 Seiten,
Format: 17 x 24 cm,
Klappenbroschur,
durchgehend farbig
bebildert
ISBN: 978-3-945152-53-9,
9,99 €

MIXtipp: Lasst uns Grillen

120 Seiten,
Format: 17 x 24 cm,
Klappenbroschur,
durchgehend farbig
bebildert
ISBN: 978-3-945152-69-0,
9,99 €

MIXtipp: Vegane Rezepte

112 Seiten,
Format: 17 x 24 cm,
Klappenbroschur,
durchgehend farbig
bebildert
ISBN: 978-3-945152-52-2,
9,99 €

MIXtipp: Mediterrane Rezepte

104 Seiten,
Format: 17 x 24 cm,
Klappenbroschur,
durchgehend farbig
bebildert
ISBN: 978-3-945152-51-5,
9,99 €

MIXtipp: Party-Rezepte

104 Seiten,
Format: 17 x 24 cm,
Klappenbroschur,
durchgehend farbig
bebildert
ISBN: 978-3-945152-50-8,
9,99 €